143 MODÈLES de FERRONNERIE

Grilles - Portes - Balcons
Rampes - Ascenseurs

Chez le même éditeur

Centre Historique de León, *La ferronnerie d'art*, 268 pages, 2009.
M. Lauinger, *Métal recyclé*, 256 pages, 2009.
J. A. Ares, *Techniques du fer forgé*, 144 pages, 2008.
M. Burie, *220 modèles d'ornements de toiture en métal*, 128 pages, 2007.
A. Capdefer, *Rampes d'escalier : 23 modèles – Ferronnerie d'art*, 52 pages, 1979 (reprint 2011).
A. Capdefer, *Portails et grilles de clôtures : 25 modèles – Ferronnerie d'art*, 52 pages, 1981 (reprint 2011).
J. Crochemore, *Guide de la quincaillerie*, 138 pages, 1987 (reprint 2011).
J. Fourquet, *Le Dessin pour l'apprenti forgeron*, 64 pages, 1951 (reprint 2011).

143 MODÈLES de FERRONNERIE

Grilles - Portes - Balcons
Rampes - Ascenseurs

Georges SURNOM
Dessinateur - Décorateur
Spécialiste en ferronnerie

DOUZIÈME EDITION
Cinquième tirage 2013

EYROLLES

ÉDITION EYROLLES
61, bd Saint-Germain
75240 Paris Cedex 05

www.editions-eyrolles.com

NOMENCLATURE DES PLANCHES

GRILLES D'INTÉRIEUR

Style Rustique 9
Style Louis XIV 10
Style Louis XV 11
Style Louis XVI 12
Style Empire 13
Style Moderne 14
Détails pour les n° 1-2-3-4-5 15

GRILLES DE PARC

Style Renaissance 19
Détails pour n° 1 20
Style Louis XIV 21
Détails pour n° 3 22
Style Louis XVI 23
Détails pour n° 5 24
Style Moderne 25
Détails pour n° 7 26

PORTES DE VESTIBULE

Style Renaissance 29
Style Louis XIV 30
Style Louis XV 31
Style Louis XVI 32
Détails pour n° 1-2-3-4 33
Style Moderne 34
Style Moderne 35
Détails pour n° 6-7 36

GRILLES D'ASCENSEUR

Style Renaissance 39
Style Renaissance 40
Style Louis XIV 41
Style Louis XIV 42

Style Louis XV 43
Style Louis XVI 44
Style Moderne 45
Détails pour tous les modèles 46

Portes d'immeuble à 2 vantaux

Style Renaissance 49
Détails pour n° 1 50
Style Louis XIV 51
Style Louis XIV 52
Style Louis XV 53
Style Louis XV 54
Détails pour n° 3-4-5-6 55
Style Louis XVI 56
Style Louis XVI 57
Détails pour n° 8-9 58
Style Moderne 59
Détails pour n° 11 60
Style Moderne 61
Détails pour n° 13 62
Détails menuiserie métallique, pour n° 13 63

Soupiraux – Impostes

Style Renaissance 67
Style Louis XIV 67
Style Louis XVI 67
Style Moderne 67
Style Louis XIV 68
Style Louis XV 68
Style Louis XVI 68
Style Moderne 68

Grilles de clôture

Style Renaissance 71
Style Louis XIV 72
Style Louis XV 73
Style Louis XVI 74
Style Moderne 75
Style Moderne 76

Panneaux pour portes en bois

Style Louis XIV 79
Style Louis XV 80
Style Louis XVI 81
Style Moderne 82

GRILLES DE BAIE ET DE FENÊTRE
Style Louis XIV 85
Style Louis XVI 86
Style Moderne 87

PORTES D'IMMEUBLE À 1 VANTAIL
Style Renaissance 91
Style Renaissance 92
Style Louis XVI 93
Style Louis XVI 94
Style Louis XVI 95
Détails pour n° 1-2-3-4-5 96
Style Moderne 97
Style Moderne 98
Style Moderne 99
Style Moderne 100
Détails pour n° 7-8-9-10 101

BALCONS
Style Renaissance 105
Style Renaissance 106
Style Renaissance 107
Style Louis XIV 108
Style Louis XIV 109
Style Louis XV 110
Style Louis XVI 111
Style Louis XVI 112
Style Moderne 113
Style Moderne 114
Style Moderne 115

RAMPES
Style Renaissance 119
Style Renaissance 120
Style Louis XIV 121
Style Louis XIV 122
Style Louis XV 123
Style Louis XV 124
Style Louis XVI 125
Style Louis XVI 126
Style Moderne 127
Style Moderne 128
Style Moderne 129

INTRODUCTION

La Ferronnerie est une profession qui possède ses lettres de noblesse grâce à Jean LAMOUR, qui obtint au XVIIIe siècle du roi LOUIS XV, l'autorisation d'adjoindre les armes de cette profession à l'armorial de France, avec faveur pour les maîtres Ferronniers, du port de l'épée.

Les ferronniers furent de tous les temps des gens modestes et malgré cette distinction noblement acquise, ils continuèrent toujours aussi modestement leur œuvre artistique, de génération en génération. Mais que reste-t-il comme documentation relative au génie de ces artisans du fer ?

Évidemment les œuvres exécutées et pieusement conservées et quelques documents graphiques que l'on peut consulter dans nos grandes bibliothèques ; mais en librairie les renseignements techniques relatifs à la Ferronnerie sont rares, et la documentation pouvant être mise à la disposition des apprentis, élèves serruriers, ferronniers, commis d'entreprise et ouvriers serruriers, artisans et entrepreneurs ou décorateurs se révélait insuffisante.

Avec le concours de Monsieur Georges SURNOM, dessinateur spécialiste en ferronnerie, Professeur des cours de fer forgé et ferronnerie de la Chambre Syndicale des Entrepreneurs de Serrurerie de Paris, les Éditions EYROLLES sous la Direction de Messieurs EYROLLES et RETAILLIAU, viennent de combler cette lacune en publiant ce premier ouvrage documentaire et nous nous en félicitons. Cet ensemble de modèles de Ferronnerie est présenté sous forme chronologique et nous trouvons les mêmes sujets dans des styles différents d'une composition simple, permettant aux artisans de réaliser tous ces modèles avec le moindre de difficultés.

Cet ouvrage sera d'une grande utilité pour tous ceux qui s'intéressent à cette magnifique profession.

M. BERGUE
Maître Ferronnier
Président de la Chambre syndicale
des Entrepreneurs de Serrurerie de Paris

G. VAN MULLEM
Vice-Président de la Chambre Syndicale
des Entrepreneurs de Serrurerie de Paris
Directeur général
des Ateliers-Écoles de la Chambre

GRILLES D'INTÉRIEUR

GRILLE D'INTERIEUR

STYLE RUSTIQUE

Échelle : 0.10 p.m.

G. SURNOM. Dess.

GRILLE D'INTÉRIEUR

STYLE LOUIS XIV

Échelle : 0.10 p.m.

G. SURNOM. Dess.

GRILLE D'INTÉRIEUR

STYLE LOUIS XV

Échelle : 0.10 p.m.

G. SURNOM. Dess.

GRILLE D'INTÉRIEUR

STYLE LOUIS XVI

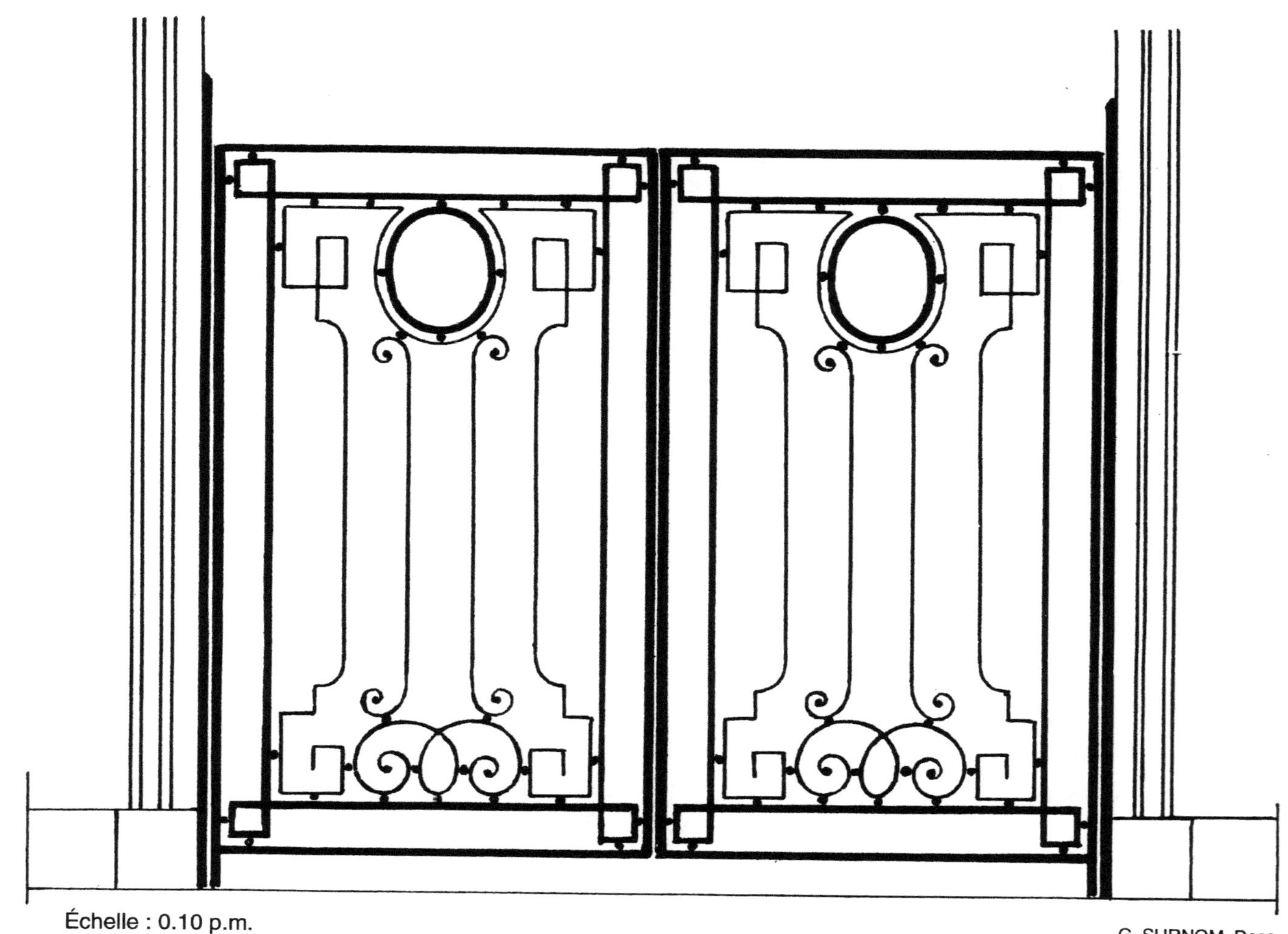

GRILLE D'INTERIEUR

STYLE EMPIRE

Échelle : 0.10 p.m.

G. SURNOM. Dess.

GRILLE D'INTÉRIEUR

STYLE MODERNE

Échelle : 0.10 p.m.

G. SURNOM. Dess.

GRILLE D'INTÉRIEUR

DÉTAILS POUR LES N° 1-2-3-4-5

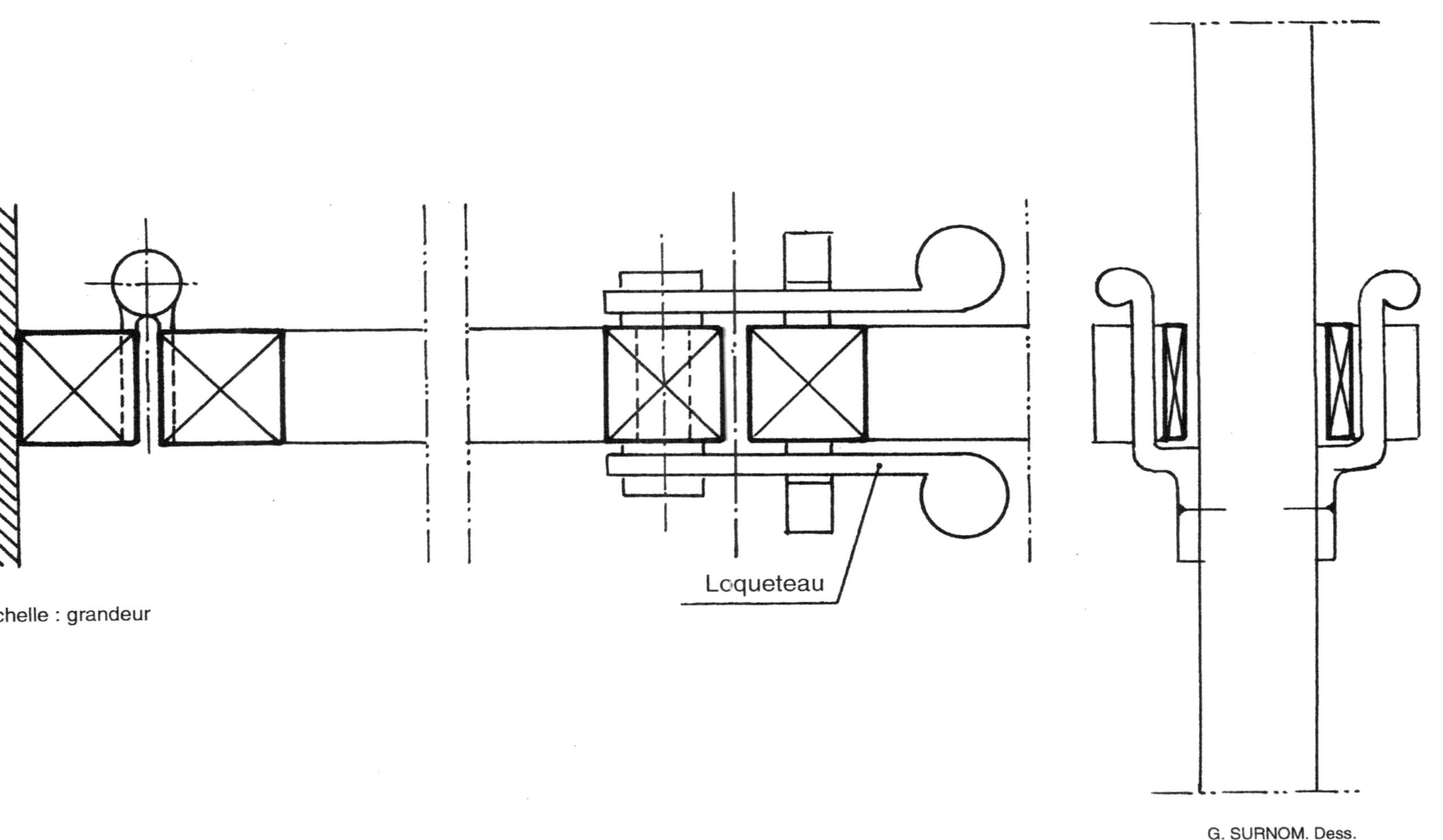

Échelle : grandeur

G. SURNOM. Dess.

7

GRILLES DE PARC

GRILLE DE PARC

STYLE RENAISSANCE

Échelle : 0.05 p.m.

G. SURNOM. Dess.

GRILLE DE PARC

DÉTAILS POUR LE N° 1

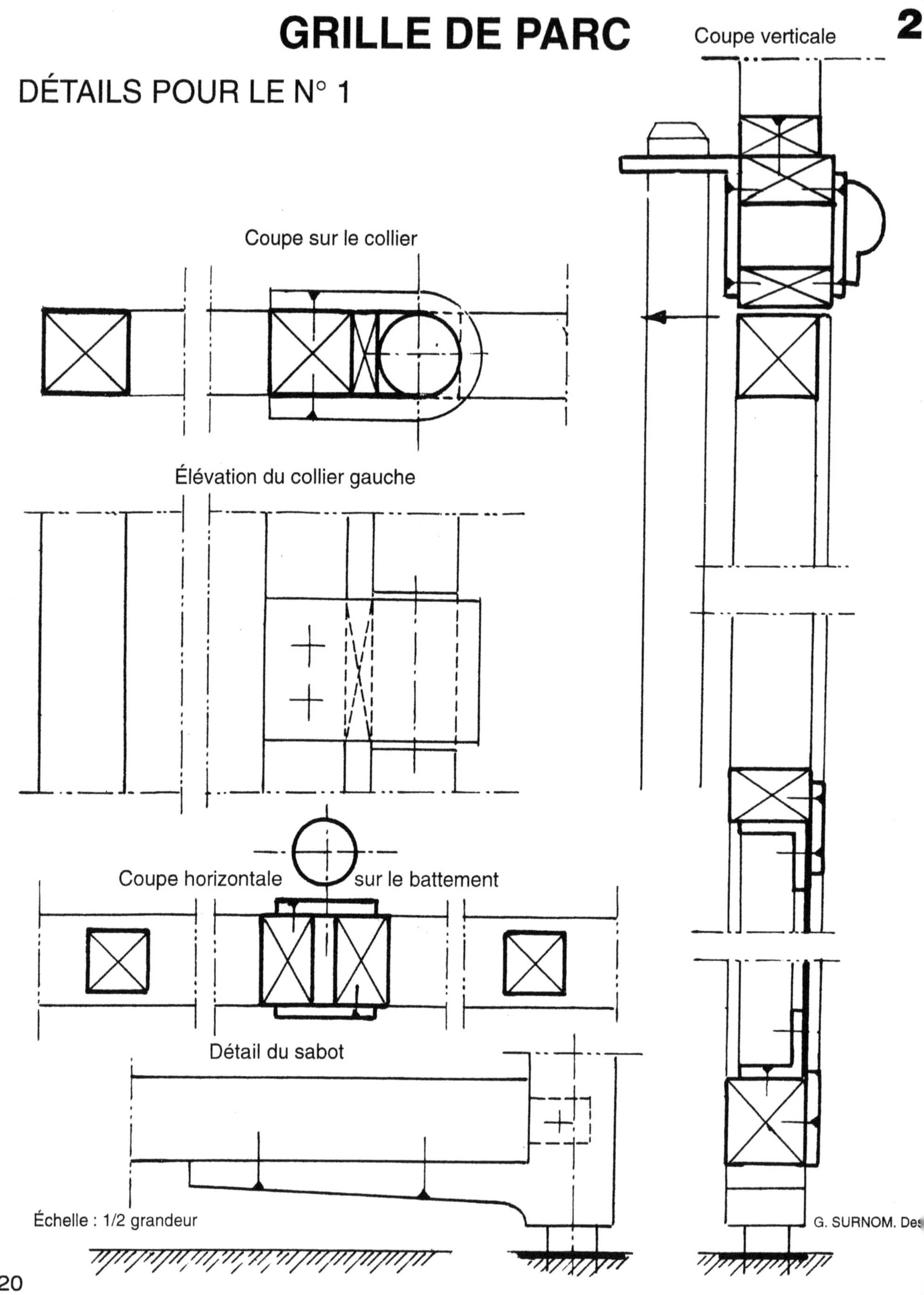

GRILLE DE PARC

STYLE LOUIS XIV

Échelle : 0.05 p.m.

G. SURNOM. Dess.

GRILLE DE PARC

DÉTAILS POUR LE N° 3

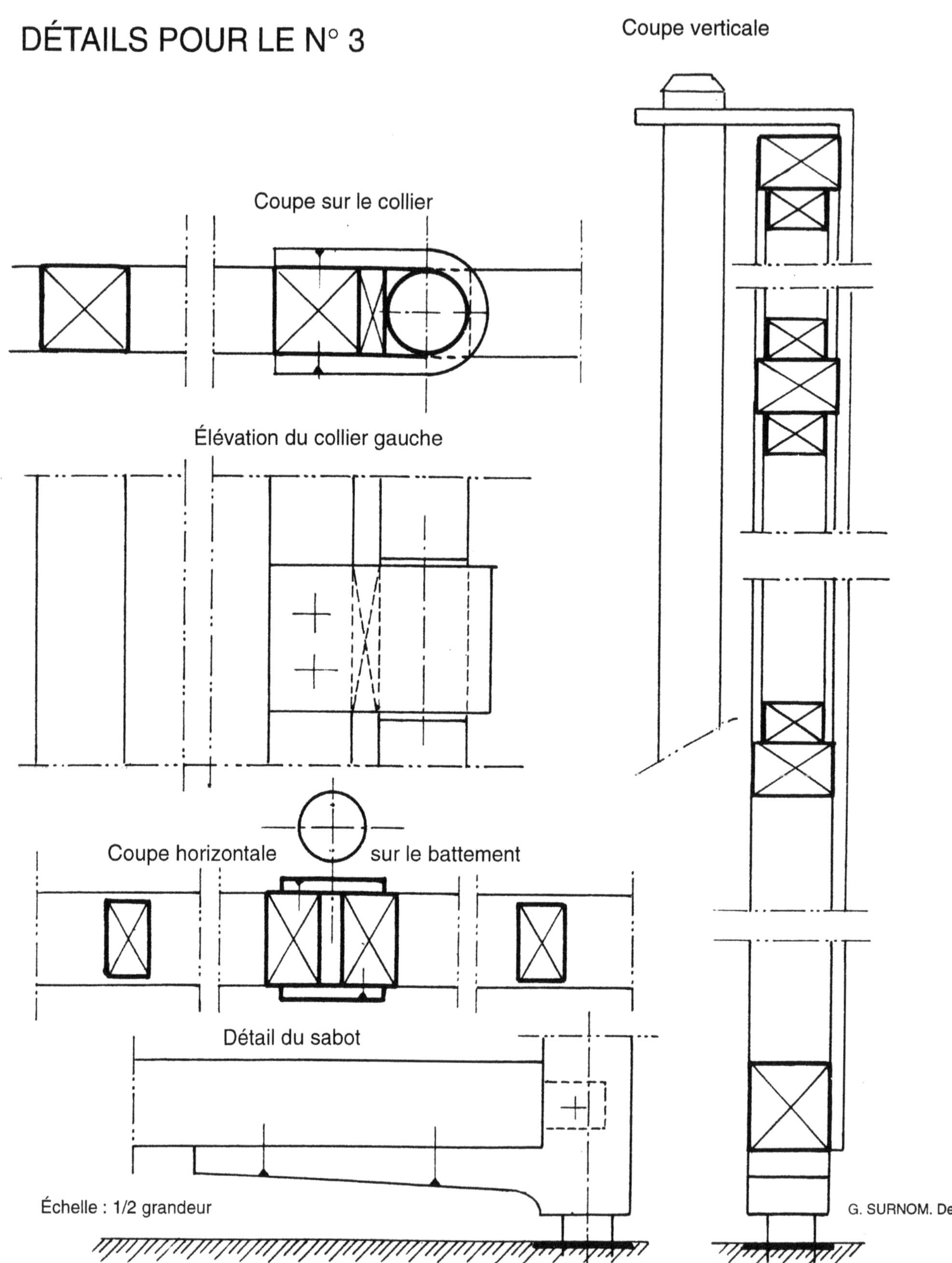

GRILLE DE PARC

STYLE LOUIS XVI

Échelle : 0.05 p.m.

G. SURNOM. Dess.

GRILLE DE PARC

DÉTAILS POUR LE N° 5

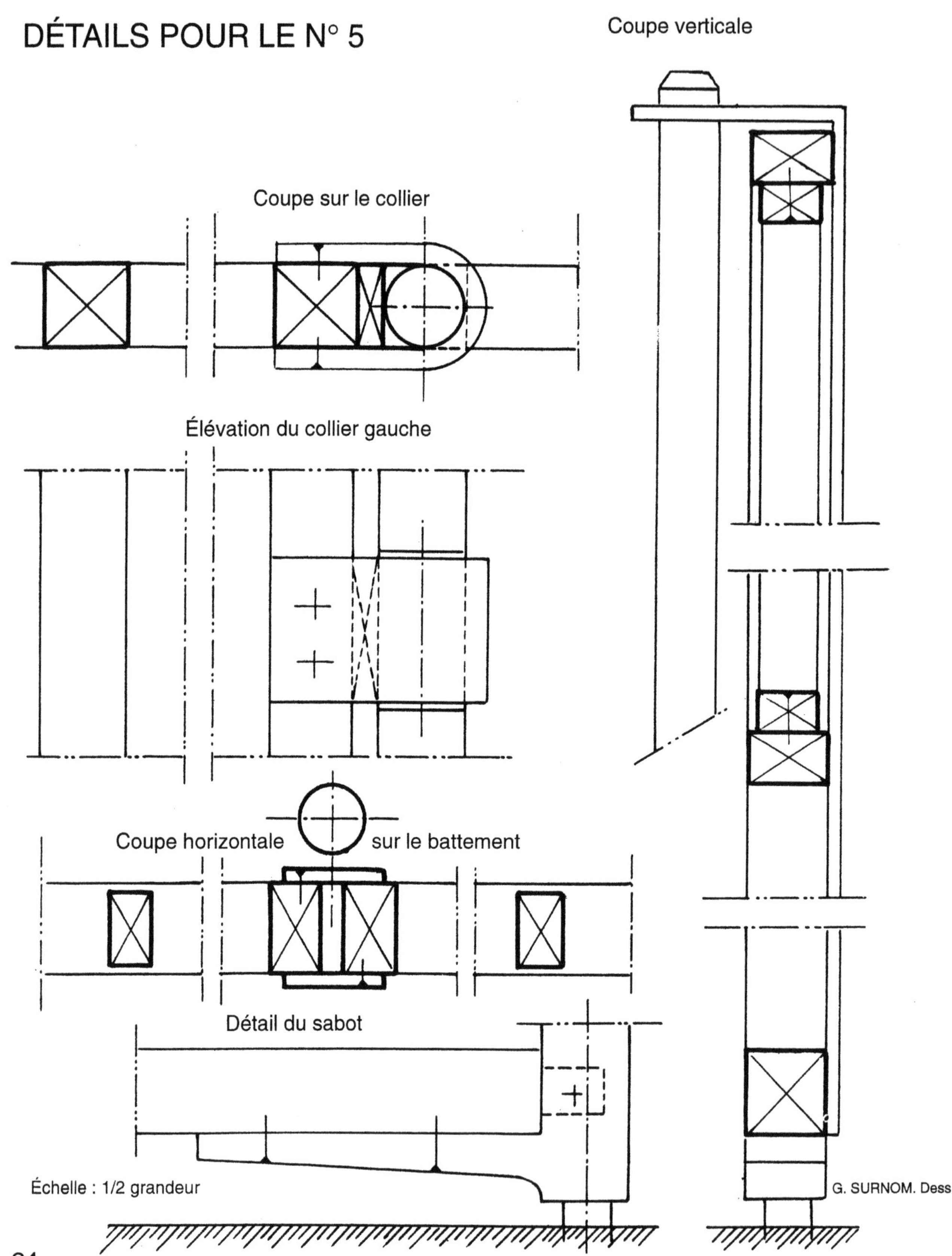

GRILLE DE PARC

STYLE MODERNE

Échelle : 0.05 p.m.

G. SURNOM. Dess.

GRILLE DE PARC

DÉTAILS POUR LE N° 7

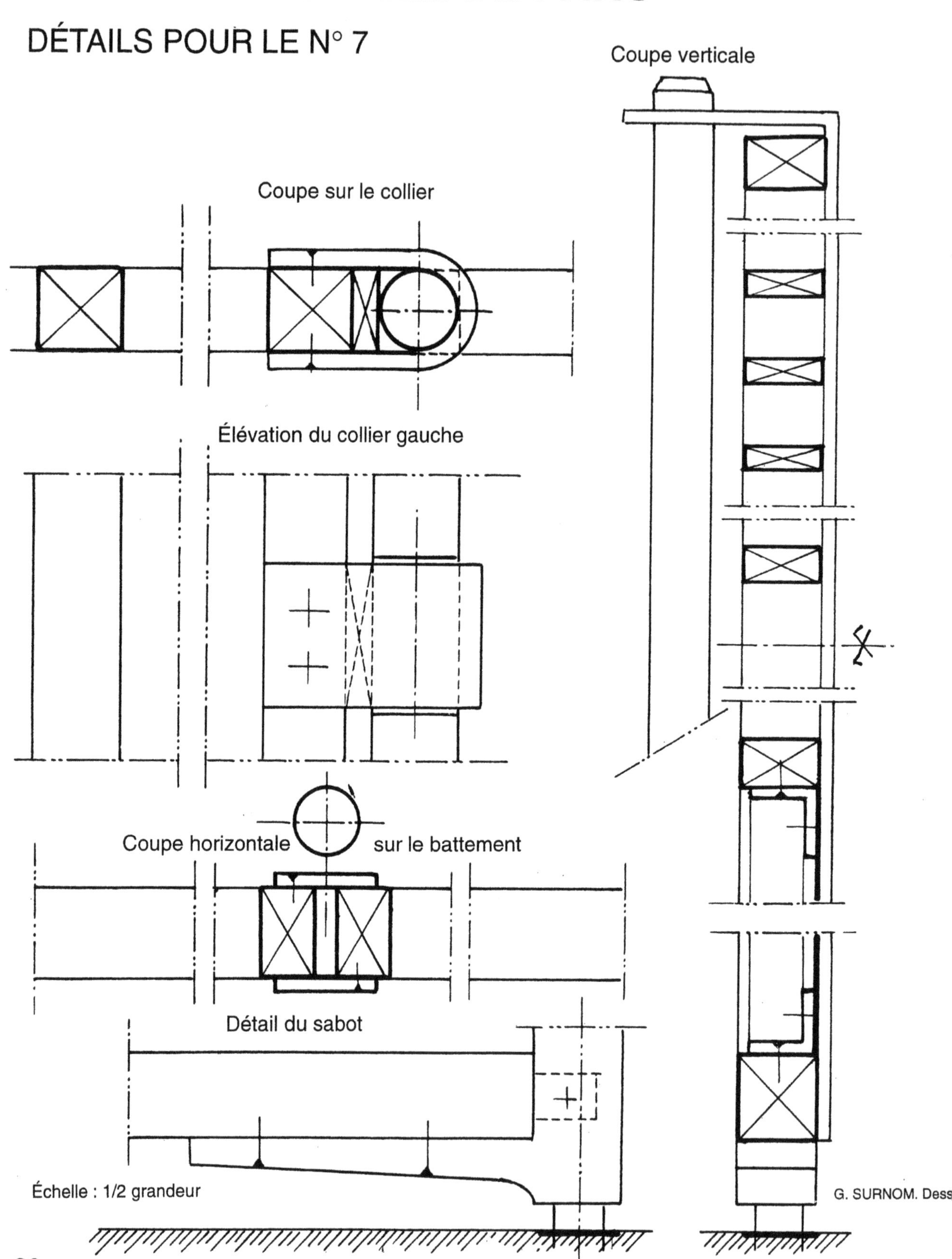

Échelle : 1/2 grandeur

G. SURNOM. Dess

PORTES DE VESTIBULE

PORTE DE VESTIBULE

1

STYLE RENAISSANCE

Échelle : 0.05 p.m.

G. SURNOM. Dess.

PORTE DE VESTIBULE

2

STYLE LOUIS XIV

Échelle : 0.05 p.m.

G. SURNOM. Dess.

PORTE DE VESTIBULE

STYLE LOUIS XV

Échelle : 0.05 p.m.

G. SURNOM. Dess.

PORTE DE VESTIBULE

4

STYLE LOUIS XVI

Échelle : 0.05 p.m.

G. SURNOM. Dess.

PORTE DE VESTIBULE

DÉTAILS POUR LES N° 1-2-3-4

Coupe horizontale

sur le battement

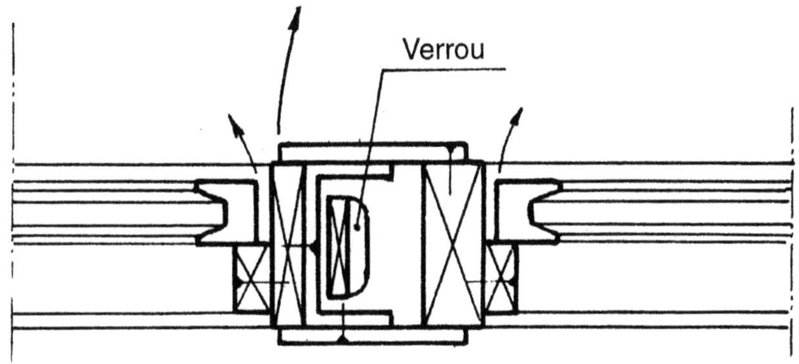

Coupe horizontale

côté paumelles vantail gauche

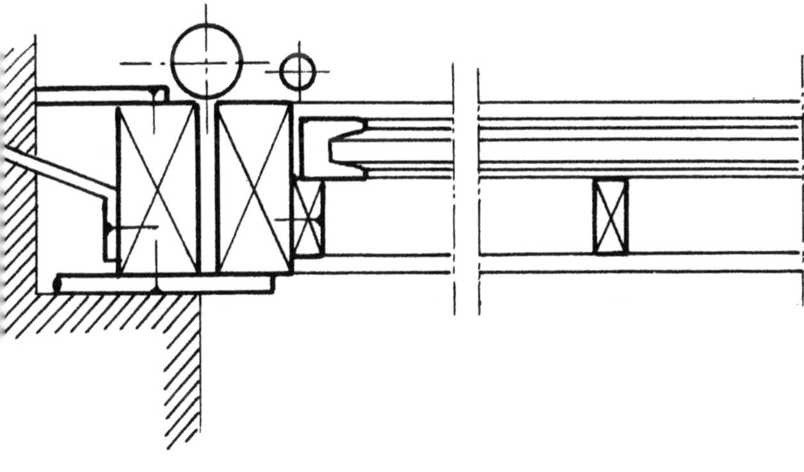

Échelle : 1/2 grandeur

Coupe verticale

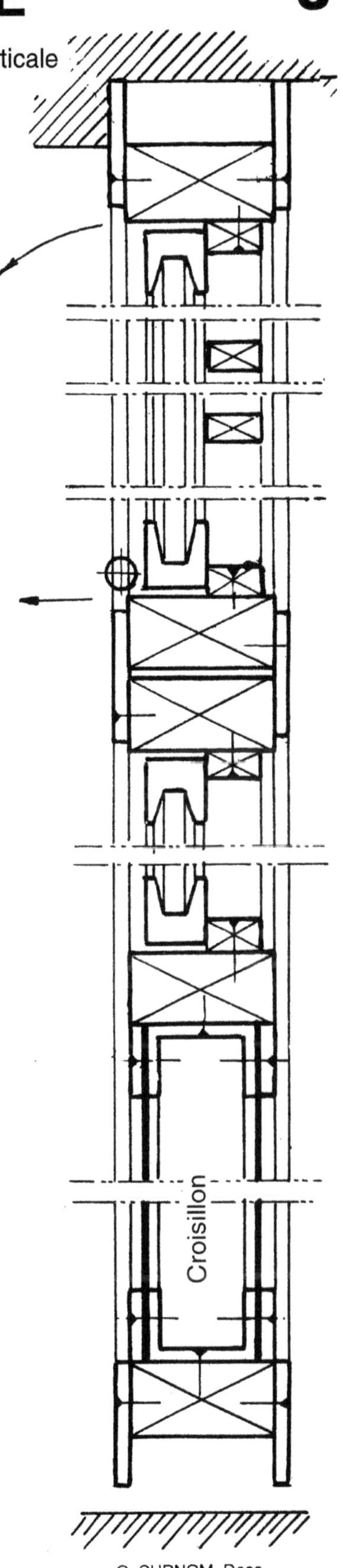

G. SURNOM. Dess.

PORTE DE VESTIBULE

6

STYLE MODERNE

Échelle : 0.05 p.m.

G. SURNOM. Dess.

PORTE DE VESTIBULE

7

STYLE MODERNE

Échelle : 0.05 p.m. G. SURNOM. Dess.

PORTE DE VESTIBULE 8

DÉTAILS POUR LES N° 6-7

Coupe horizontale

sur le battement

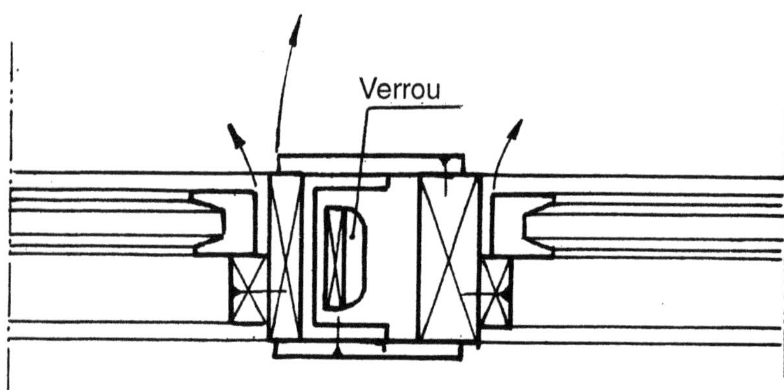

Coupe horizontale

côté paumelles vantail gauche

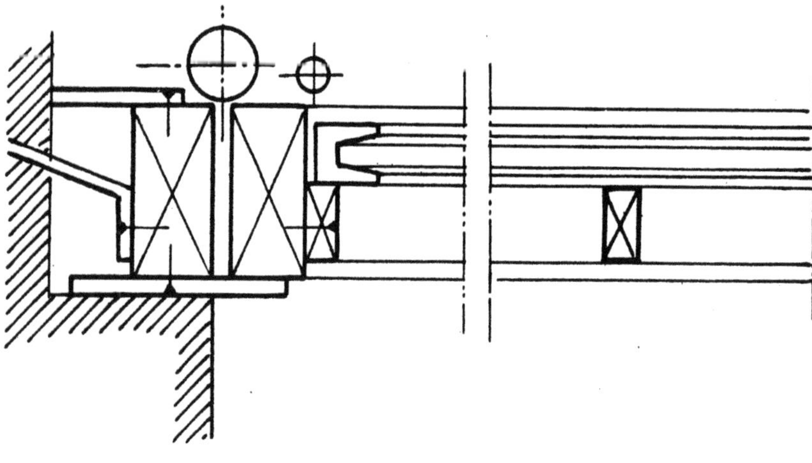

Échelle : 1/2 grandeur

Coupe verticale

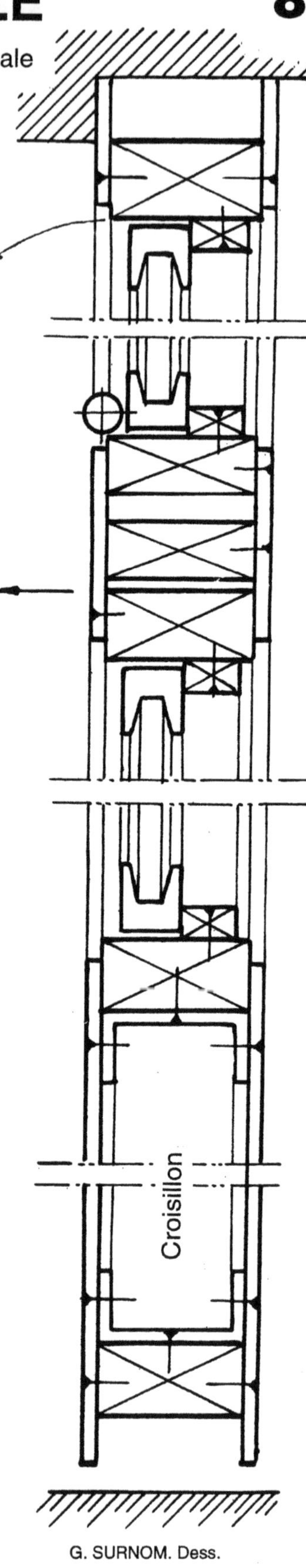

G. SURNOM. Dess.

GRILLES D'ASCENSEUR

GRILLES D'ASCENSEUR

STYLE RENAISSANCE

Échelle : 0.05 p.m.

G. SURNOM. Dess.

GRILLES D'ASCENSEUR

STYLE RENAISSANCE

GRILLES D'ASCENSEUR

STYLE LOUIS XIV

Échelle : 0.05 p.m.

G. SURNOM. Dess.

GRILLES D'ASCENSEUR

STYLE LOUIS XIV

Échelle : 0.05 p.m.

G. SURNOM. Dess.

GRILLES D'ASCENSEUR

STYLE LOUIS XV

Échelle : 0.05 p.m.

G. SURNOM. Dess.

GRILLES D'ASCENSEUR

STYLE LOUIS XVI

Échelle : 0.05 p.m.

G. SURNOM. Dess.

GRILLES D'ASCENSEUR

STYLE MODERNE

Échelle : 0.05 p.m.

G. SURNOM. Dess.

GRILLES D'ASCENSEUR

DÉTAILS POUR TOUS LES MODELES

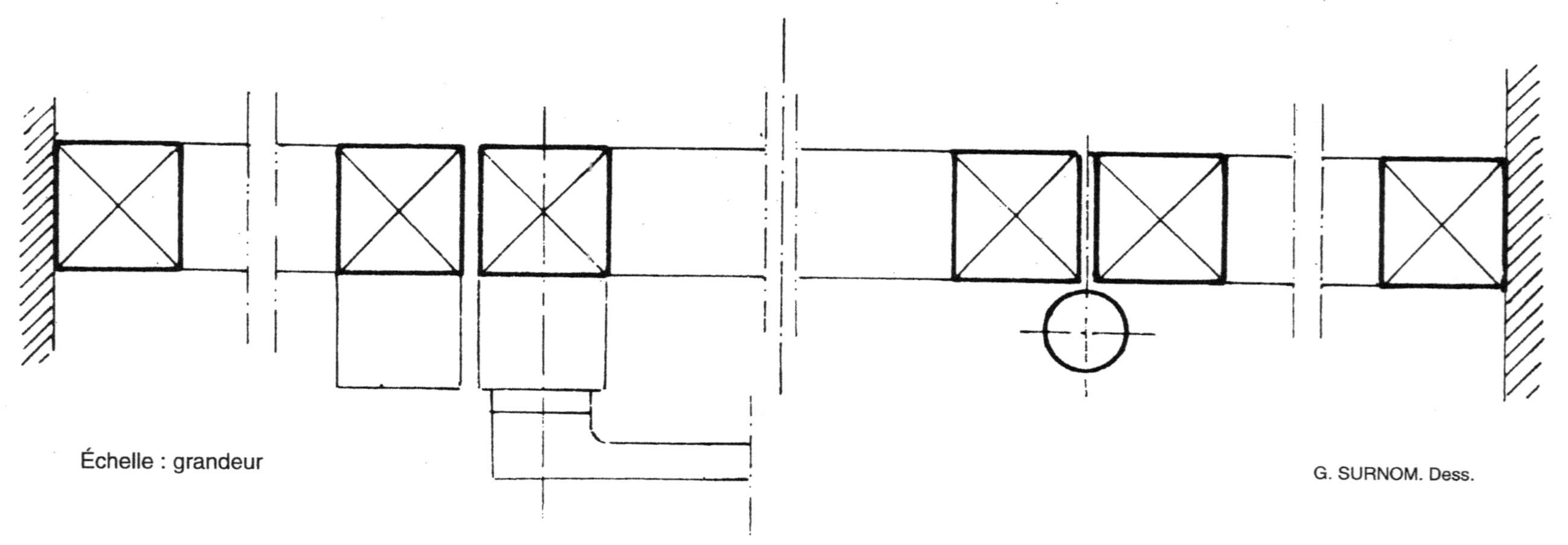

PORTES D'IMMEUBLE À DEUX VANTAUX

PORTE D'IMMEUBLE À 2 VANTAUX

1

STYLE RENAISSANCE

Échelle : 0.05 p.m.

G. SURNOM. Dess.

PORTE D'IMMEUBLE À 2 VANTAUX

DÉTAILS POUR LE N° 1

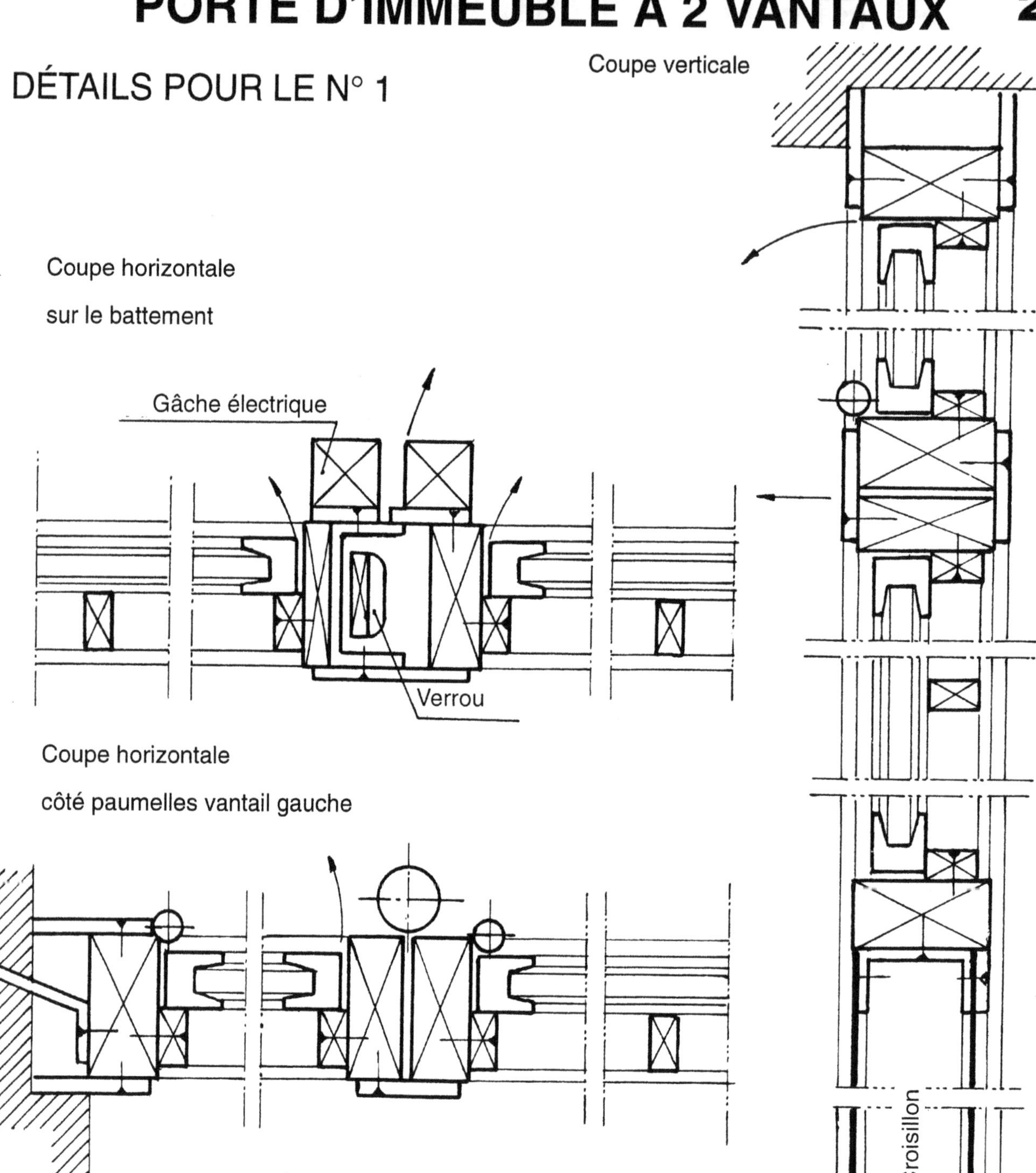

Échelle : 1/2 grandeur

G. SURNOM. Dess.

PORTE D'IMMEUBLE À 2 VANTAUX

3

STYLE LOUIS XIV

Échelle : 0.05 p.m.

G. SURNOM. Dess.

PORTE D'IMMEUBLE À 2 VANTAUX

STYLE LOUIS XIV

Échelle : 0.05 p.m.

G. SURNOM. Dess.

PORTE D'IMMEUBLE À 2 VANTAUX

5

STYLE LOUIS XV

Échelle : 0.05 p.m.

G. SURNOM. Dess.

PORTE D'IMMEUBLE À 2 VANTAUX 6

STYLE LOUIS XV

Échelle : 0.05 p.m.

G. SURNOM. Dess.

PORTE D'IMMEUBLE À 2 VANTAUX

DÉTAILS POUR LES N° 3-4-5-6

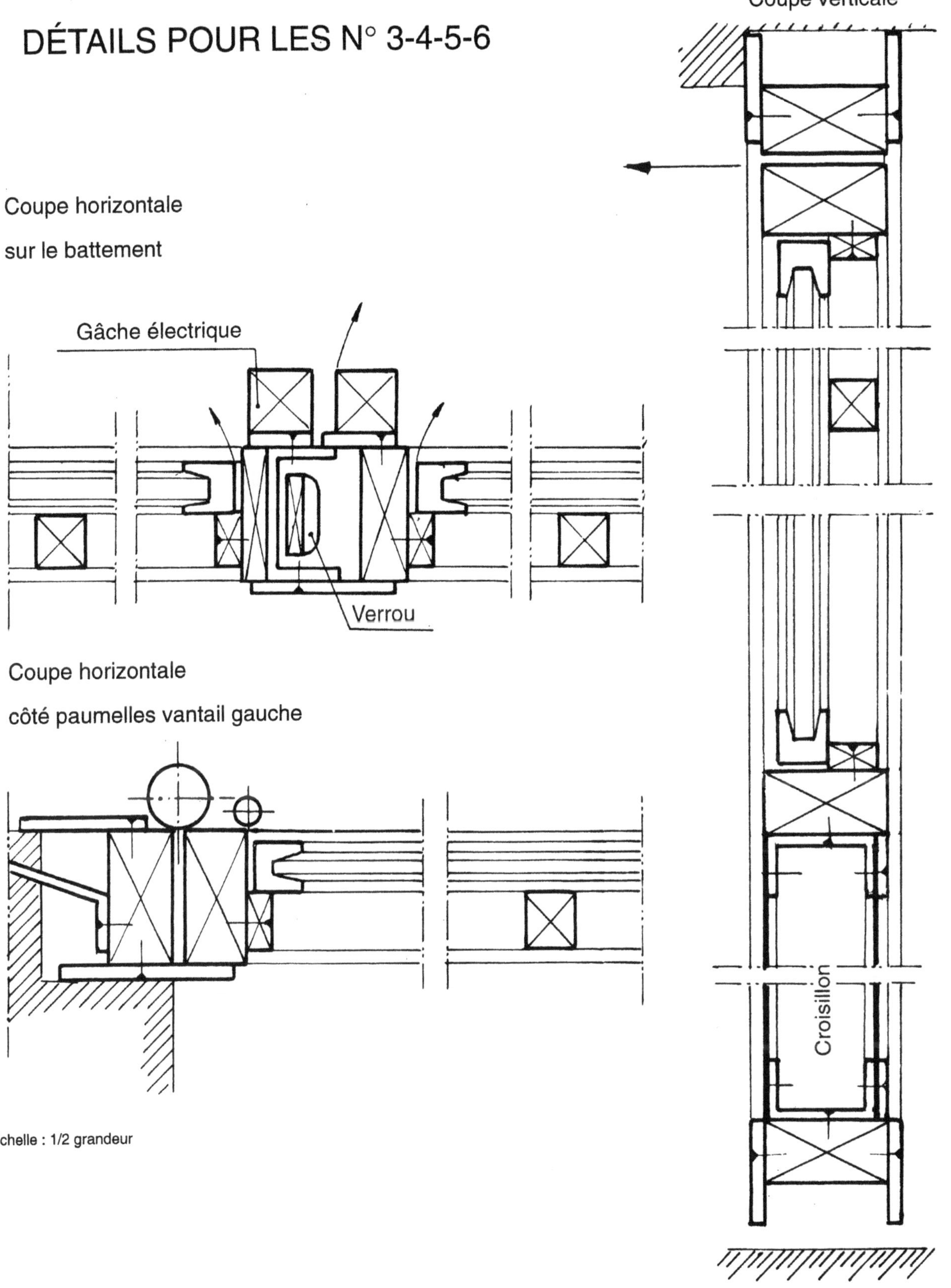

Échelle : 1/2 grandeur

G. SURNOM. Dess.

PORTE D'IMMEUBLE À 2 VANTAUX 8

STYLE LOUIS XVI

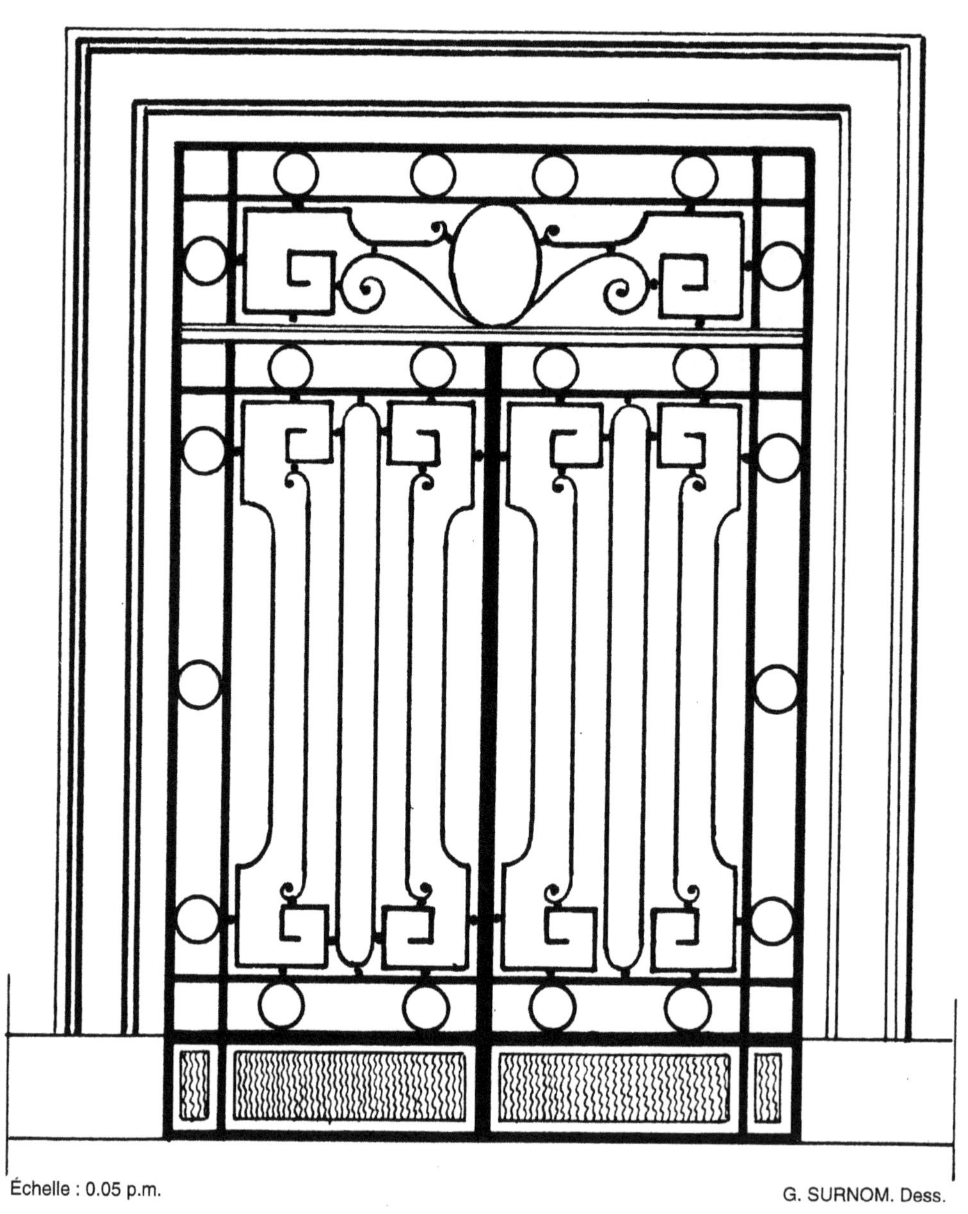

Échelle : 0.05 p.m.

G. SURNOM. Dess.

PORTE D'IMMEUBLE À 2 VANTAUX

STYLE LOUIS XVI

Échelle : 0.05 p.m.

G. SURNOM. Dess.

DÉTAILS POUR LES N° 8-9

Coupe horizontale

sur le battement

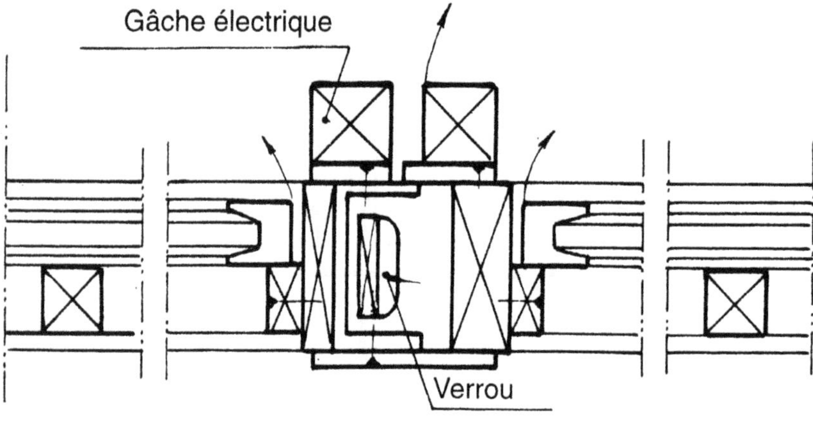

Coupe horizontale

côté paumelles vantail gauche

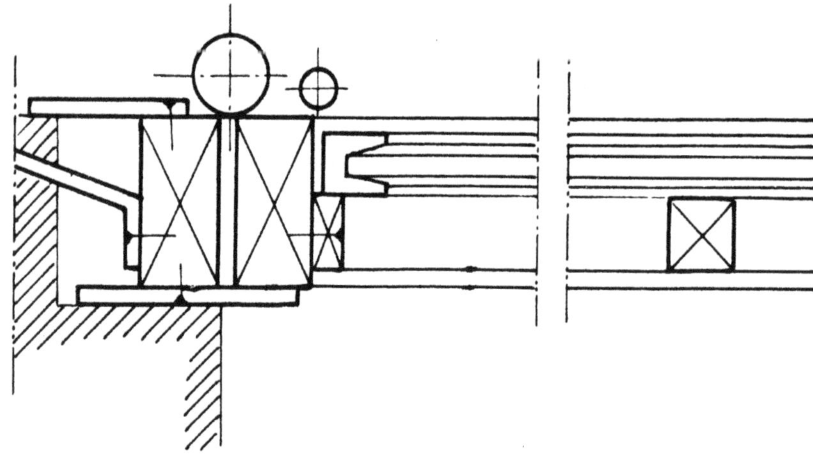

Coupe verticale

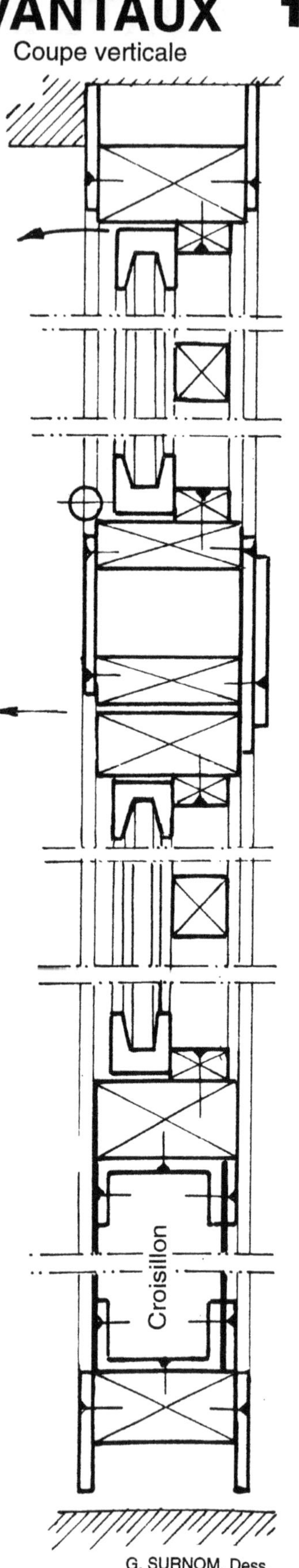

Échelle : 1/2 grandeur

G. SURNOM. Dess.

PORTE D'IMMEUBLE À 2 VANTAUX 11

STYLE MODERNE

Échelle : 0.05 p.m.

G. SURNOM. Dess.

PORTE D'IMMEUBLE À 2 VANTAUX 12

DÉTAILS POUR LE N° 11

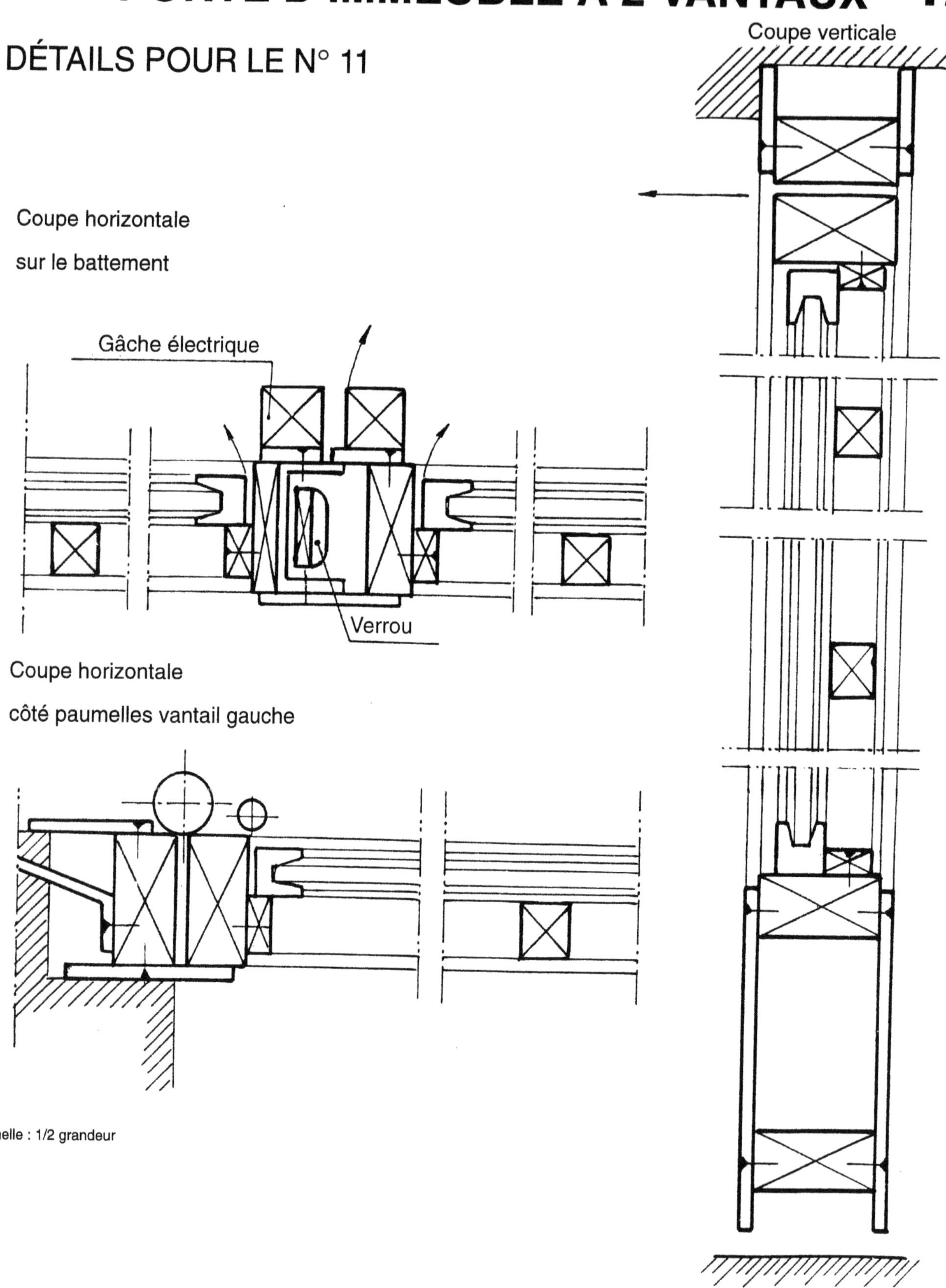

Échelle : 1/2 grandeur

G. SURNOM. Dess.

PORTE D'IMMEUBLE À 2 VANTAUX

STYLE MODERNE

Échelle : 0.05 p.m.

G. SURNOM. Dess.

PORTE D'IMMEUBLE À 2 VANTAUX 14

DÉTAILS POUR LE N° 13

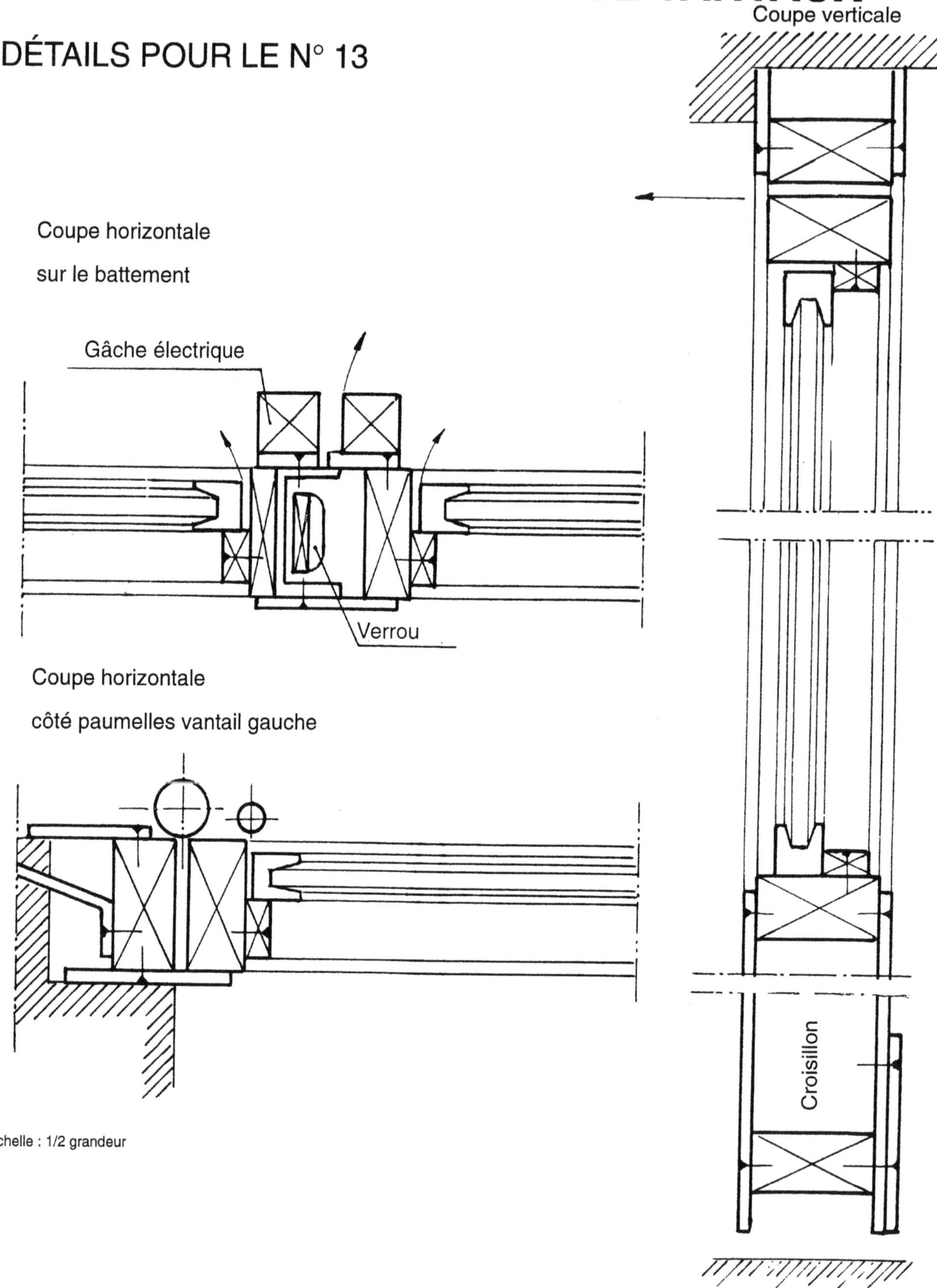

Échelle : 1/2 grandeur

G. SURNOM. Dess.

PORTE D'IMMEUBLE À 2 VANTAUX

Détails menuiserie métallique pour le n° 13

Coupe verticale

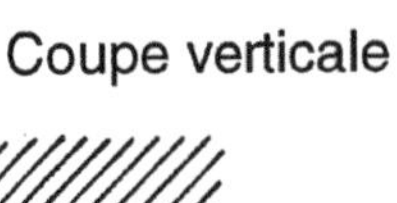

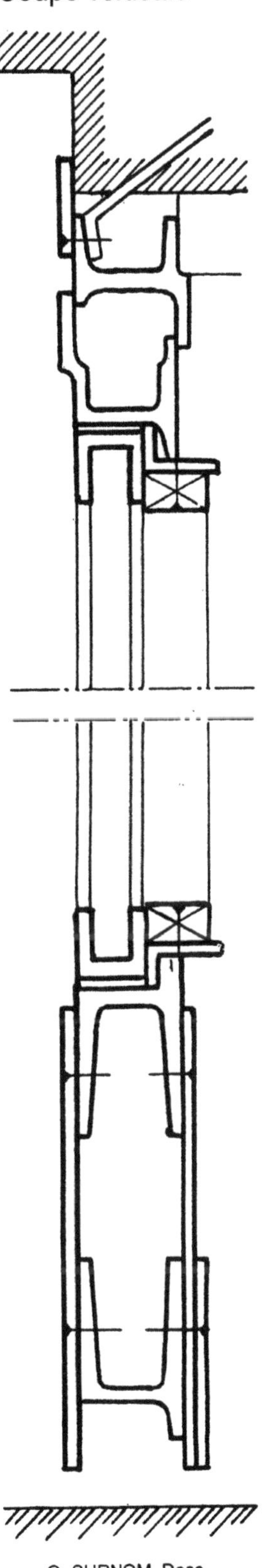

Coupe horizontale

côté paumelles vantail gauche

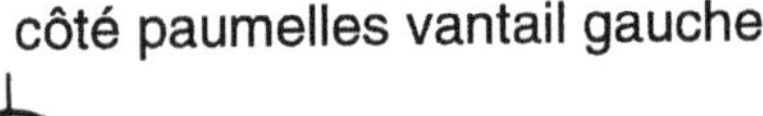

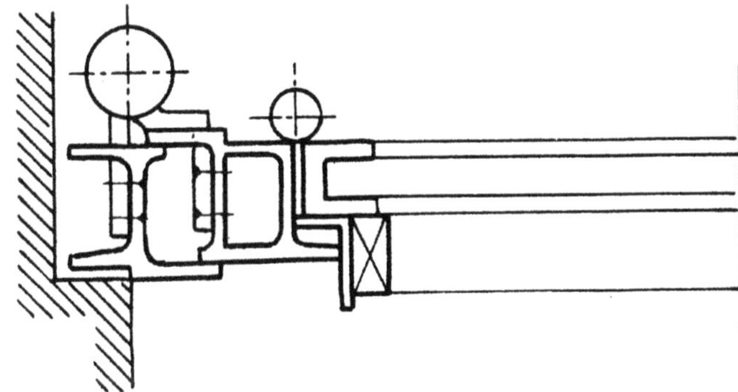

Coupe horizontale

sur le battement

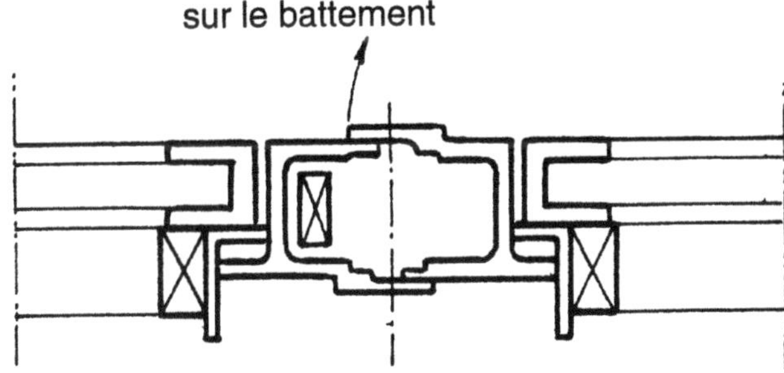

Échelle : 1/2 grandeur

G. SURNOM. Dess.

SOUPIRAUX – IMPOSTES

SOUPIRAUX

1 STYLE RENAISSANCE

3 STYLE LOUIS XVJ

2 STYLE LOUIS XIV

4 STYLE MODERNE

1

2

3

4

G. SURNOM. Dess.

IMPOSTES

1 STYLE LOUIS XIV

3 STYLE LOUIS XVI

2 STYLE LOUIS XV

4 STYLE MODERNE

1

2

3

4

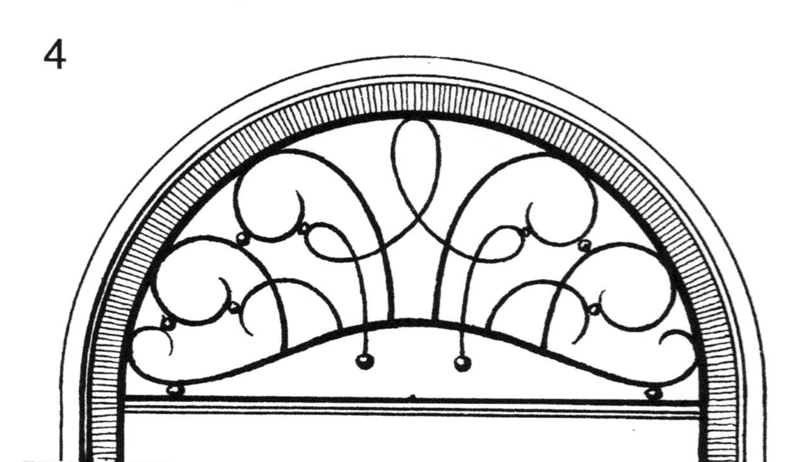

GRILLES DE CLÔTURE

GRILLES DE CLÔTURE

1

STYLE RENAISSANCE

Échelle : 0.05 p.m.

G. SURNOM. Dess.

GRILLES DE CLÔTURE

STYLE LOUIS XIV

Échelle : 0.05 p.m.

G. SURNOM. Dess.

GRILLES DE CLÔTURE

STYLE LOUIS XV

Échelle : 0.05 p.m.

G. SURNOM. Dess.

GRILLES DE CLÔTURE

STYLE LOUIS XVI

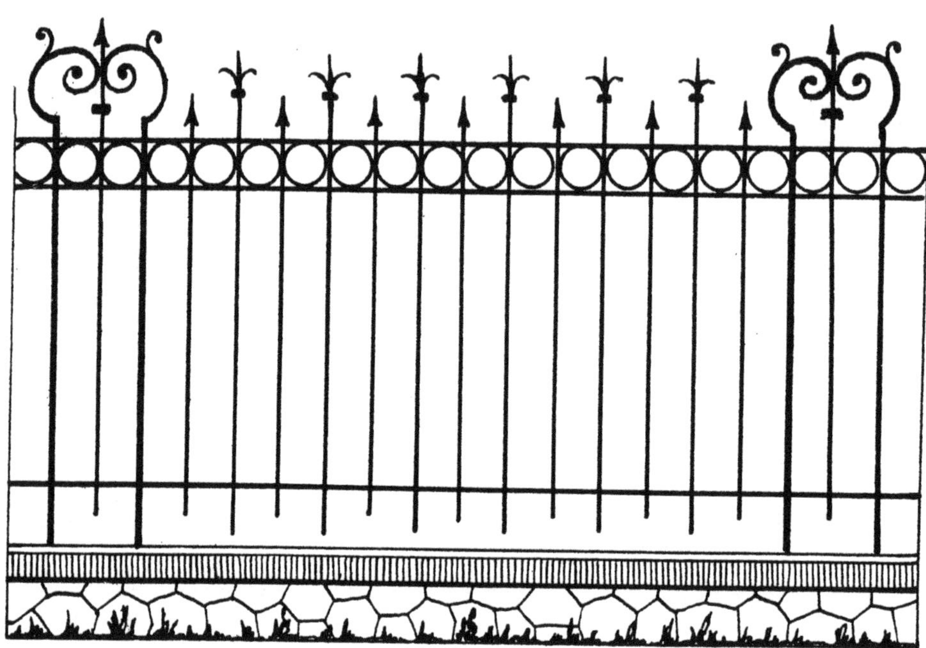

Échelle : 0.05 p.m.

G. SURNOM. Dess.

GRILLES DE CLÔTURE

STYLE MODERNE

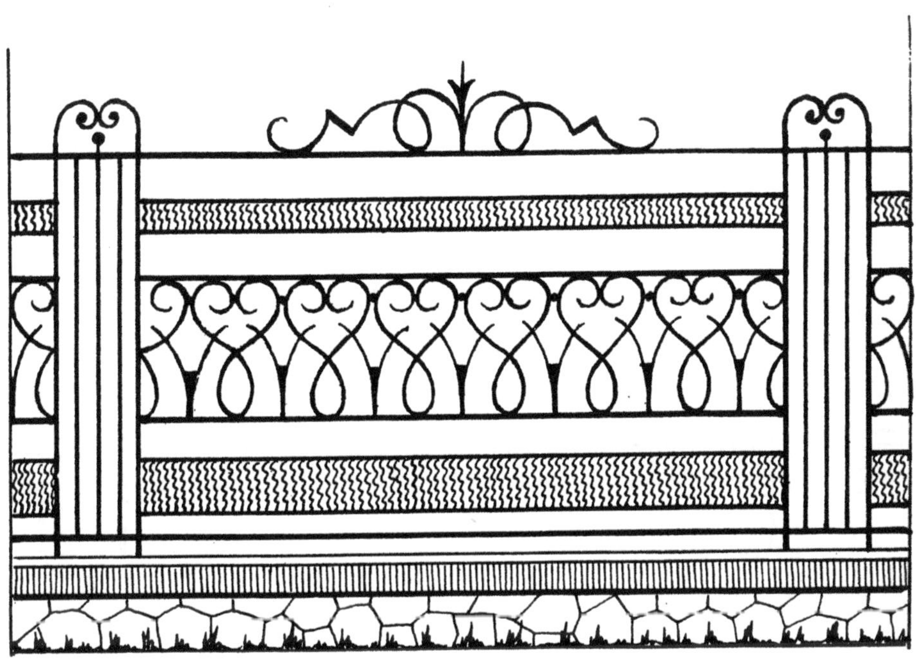

Échelle : 0.05 p.m.

G. SURNOM. Dess.

GRILLES DE CLÔTURE

STYLE MODERNE

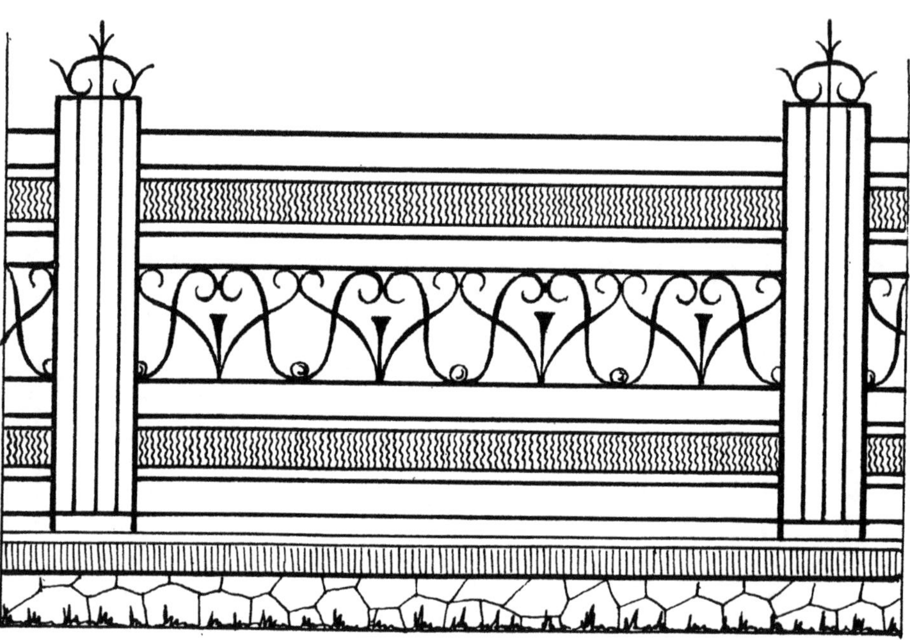

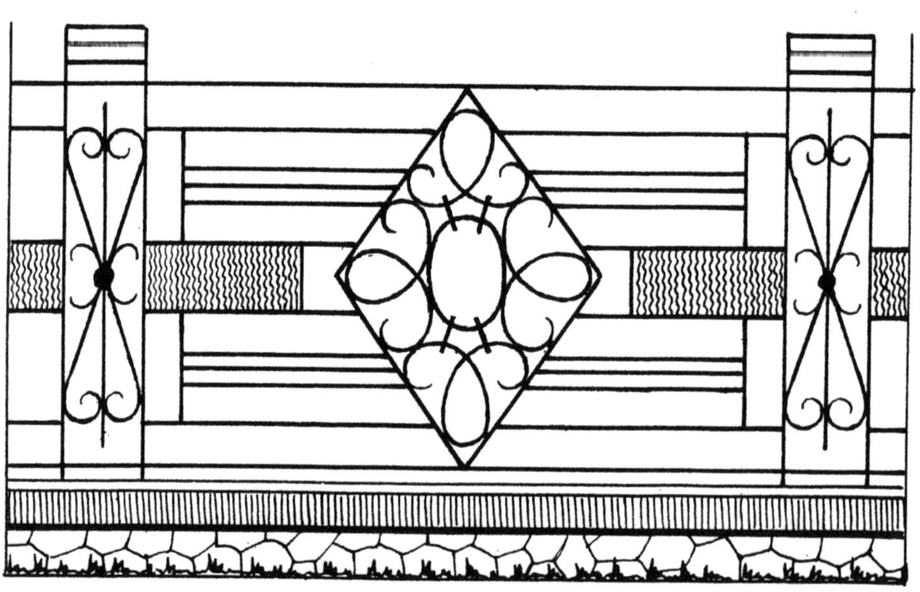

Échelle : 0.05 p.m.

G. SURNOM. Dess.

PANNEAUX
POUR PORTES EN BOIS

PANNEAUX POUR PORTES EN BOIS

STYLE LOUIS XIV

PANNEAUX POUR PORTES EN BOIS

STYLE LOUIS XV

Échelle : 0.05 p.m.

G. SURNOM. Dess.

PANNEAUX POUR PORTES EN BOIS

STYLE LOUIS XVI

Échelle : 0.05 p.m.

G. SURNOM. Dess.

PANNEAUX POUR PORTES EN BOIS

STYLE MODERNE

Échelle : 0.05 p.m.

G. SURNOM. Dess.

GRILLES DE BAIE ET DE FENÊTRE

GRILLES DE BAIE ET DE FENÊTRE

STYLE LOUIS XIV

Échelle : 0.05 p.m.

G. SURNOM. Dess.

GRILLES DE BAIE ET DE FENÊTRE

STYLE LOUIS XVI

Échelle : 0.05 p.m.

G. SURNOM. Dess.

2

GRILLES DE BAIE ET DE FENÊTRE

STYLE MODERNE

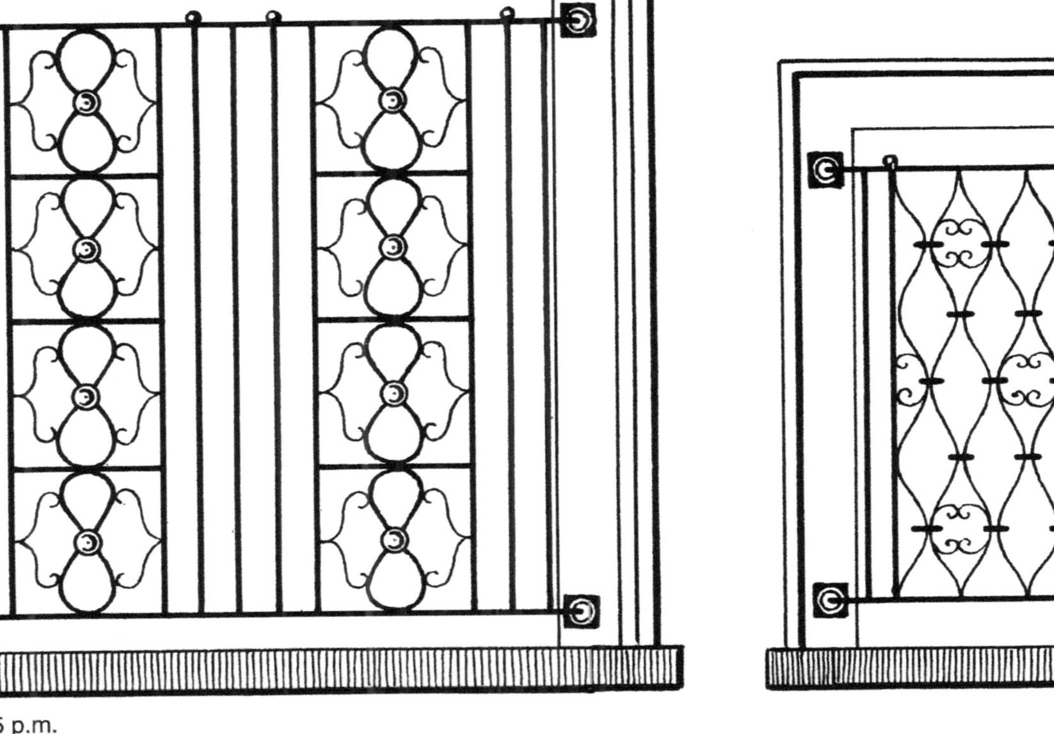

Échelle : 0.05 p.m.

G. SURNOM. Dess.

PORTES D'IMMEUBLE À UN VANTAIL

PORTE D'IMMEUBLE À 1 VANTAIL

1

STYLE RENAISSANCE

Échelle : 0.05 p.m.

G. SURNOM. Dess.

PORTE D'IMMEUBLE À 1 VANTAIL

2

STYLE RENAISSANCE

Échelle : 0.05 p.m.

G. SURNOM. Dess.

PORTE D'IMMEUBLE À 1 VANTAIL

STYLE LOUIS XVI

Échelle : 0.05 p.m.

G. SURNOM. Dess.

PORTE D'IMMEUBLE À 1 VANTAIL

STYLE LOUIS XVI

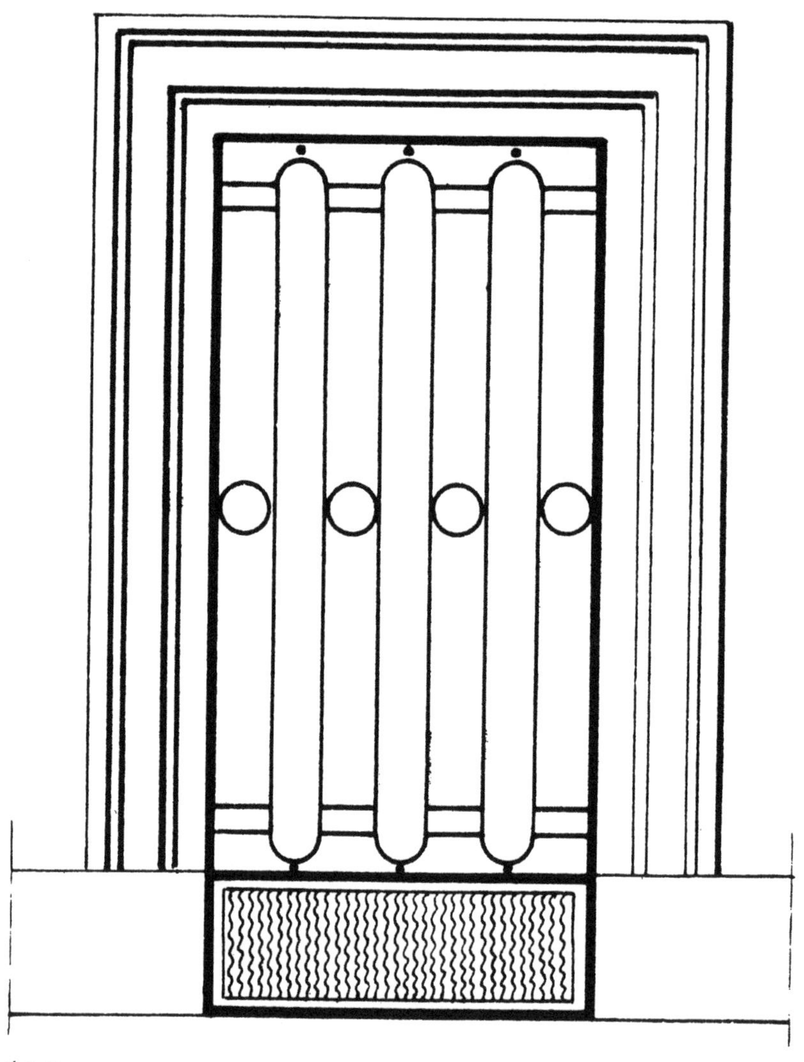

Échelle : 0.05 p.m.

G. SURNOM. Dess.

PORTE D'IMMEUBLE À 1 VANTAIL 5

STYLE LOUIS XVI

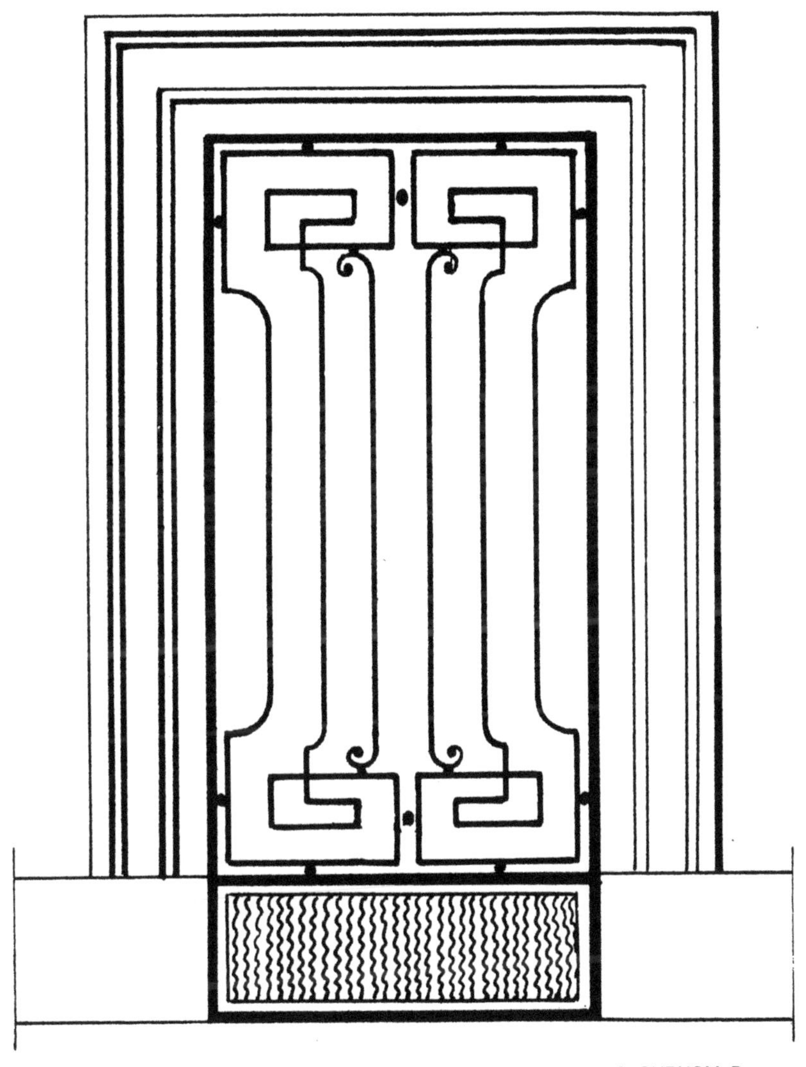

Échelle : 0.05 p.m.

G. SURNOM. Dess.

PORTE D'IMMEUBLE À 1 VANTAIL

6

DÉTAILS POUR LES N° 1-2-3-4-5

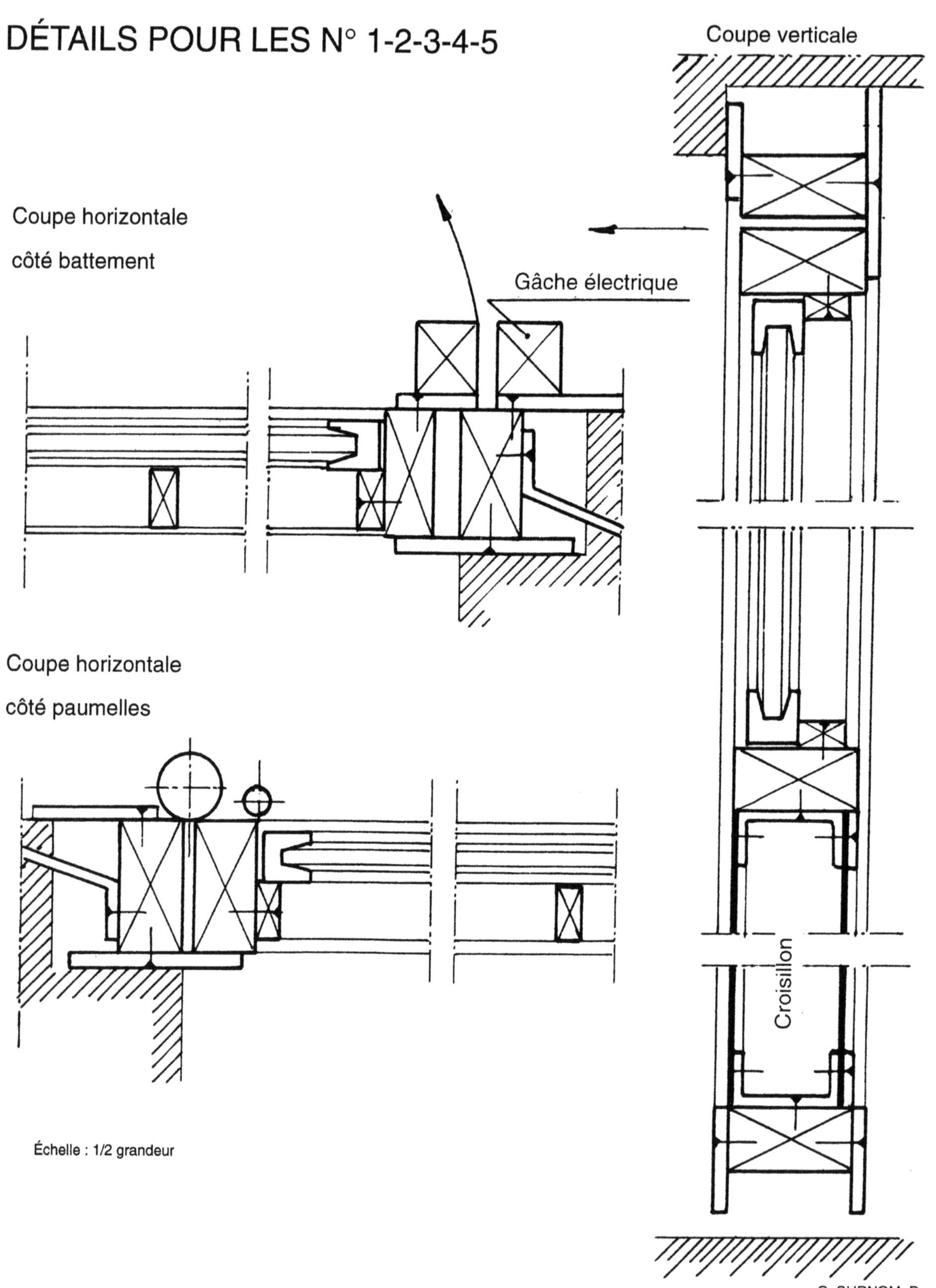

G. SURNOM. Dess.

PORTE D'IMMEUBLE À 1 VANTAIL

STYLE MODERNE

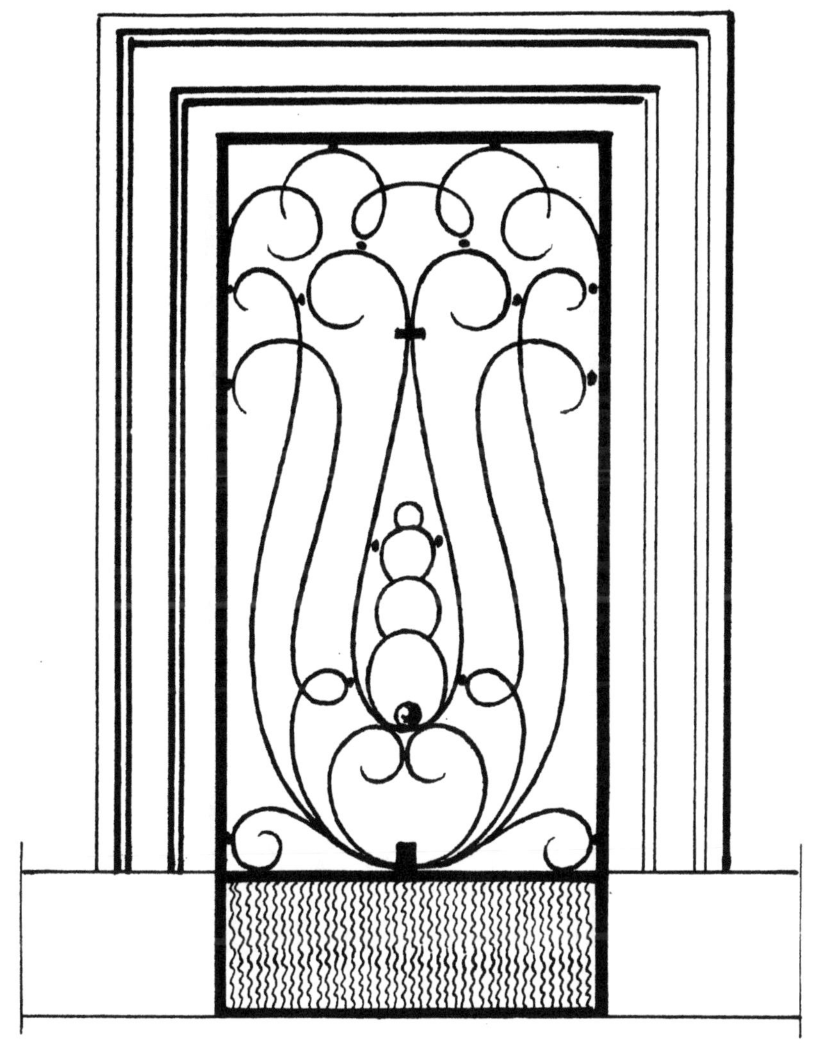

Échelle : 0.05 p.m.

G. SURNOM. Dess.

PORTE D'IMMEUBLE À 1 VANTAIL

STYLE MODERNE

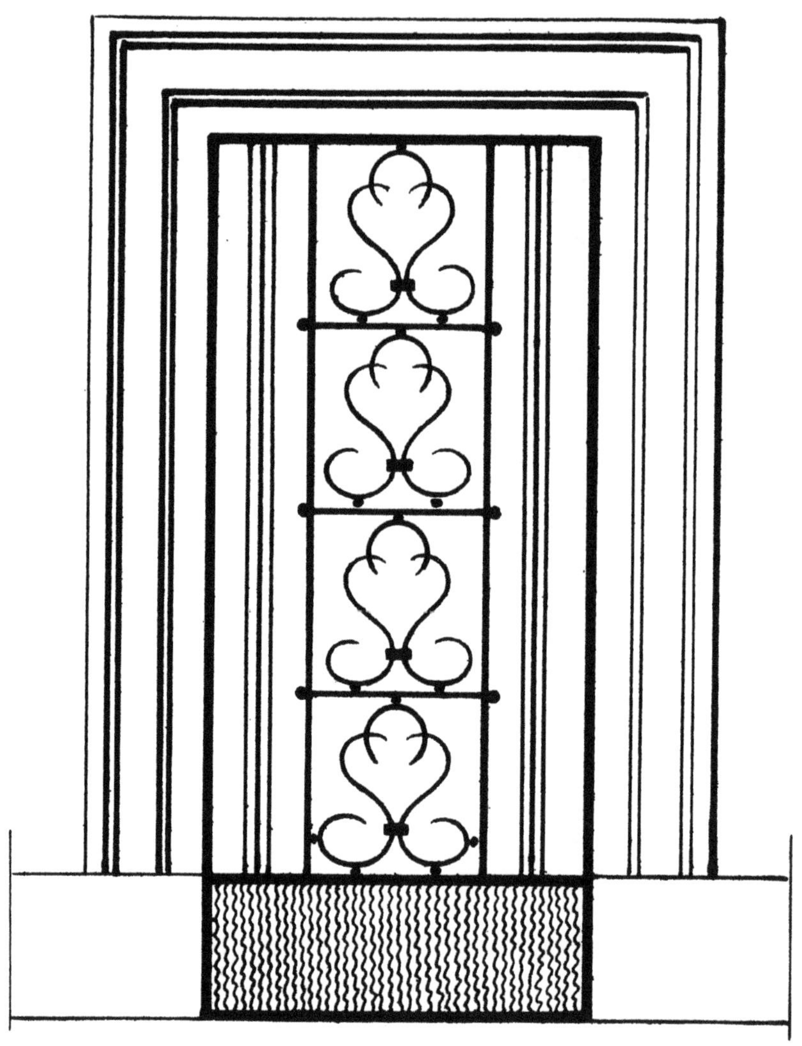

Échelle : 0.05 p.m.

G. SURNOM. Dess.

PORTES D'IMMEUBLE À 1 VANTAIL

STYLE MODERNE

Échelle : 0.05 p.m.

G. SURNOM. Dess.

PORTES D'IMMEUBLE À 1 VANTAIL

STYLE MODERNE

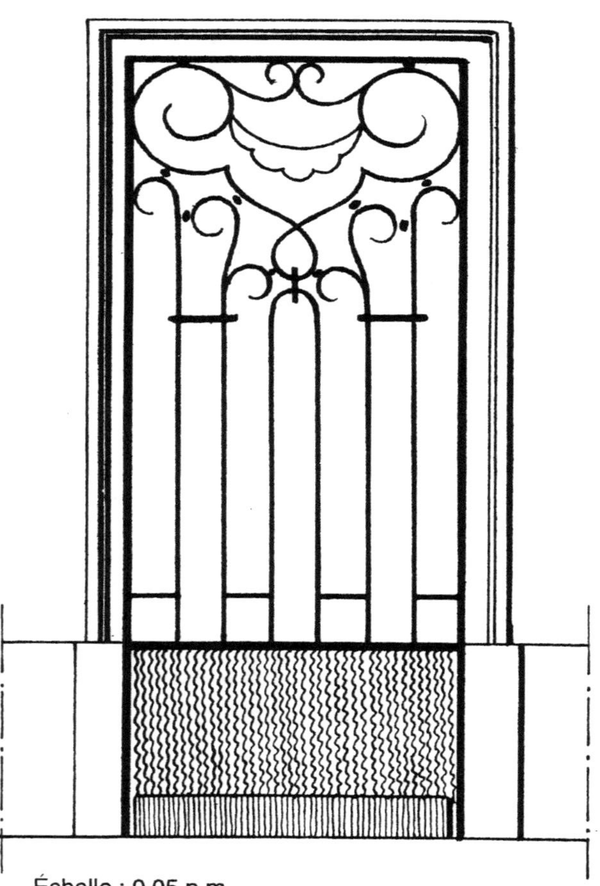

Échelle : 0.05 p.m.

G. SURNOM. Dess.

PORTE D'IMMEUBLE À 1 VANTAIL

DÉTAILS POUR LES N°. 7-8-9-10

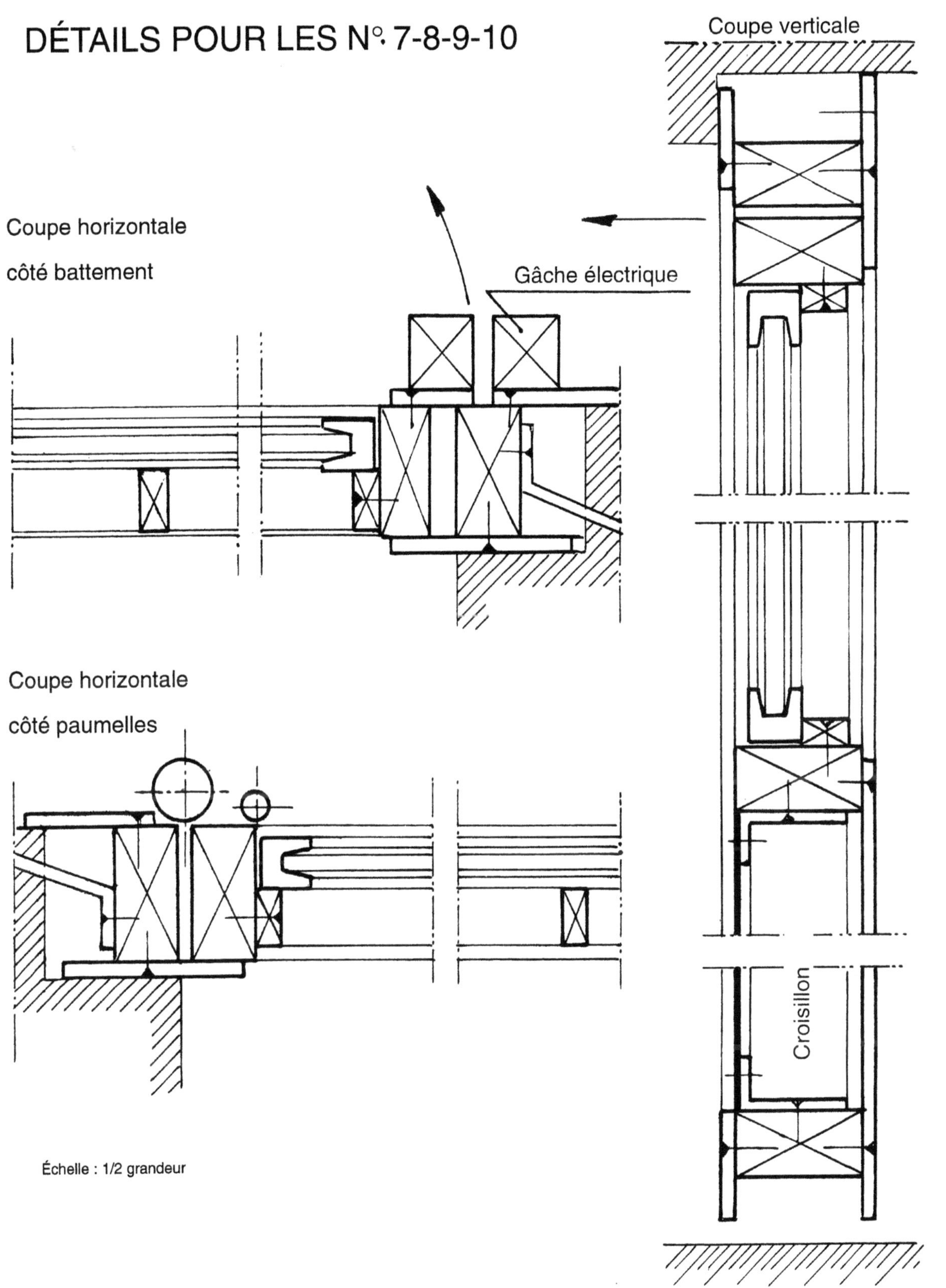

G. SURNOM. Dess.

BALCONS

BALCONS

STYLE RENAISSANCE

Échelle : 0.05 p.m. G. SURNOM. Dess.

BALCONS

STYLE RENAISSANCE

Échelle : 0.05 p.m. G. SURNOM. Dess.

BALCONS

STYLE RENAISSANCE

Échelle : 0.05 p.m. G. SURNOM. Dess.

BALCONS

STYLE LOUIS XIV

Échelle : 0.05 p.m. G. SURNOM. Dess.

BALCONS

STYLE LOUIS XIV

Échelle : 0.05 p.m.

G. SURNOM. Dess.

BALCONS

STYLE LOUIS XV

Échelle : 0.05 p.m.

G. SURNOM. Dess.

BALCONS

STYLE LOUIS XVI

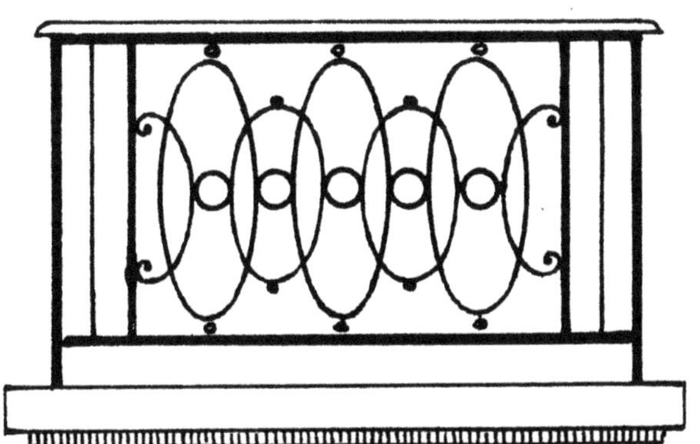

Échelle : 0.05 p.m.

G. SURNOM. Dess.

BALCONS

STYLE LOUIS XVI

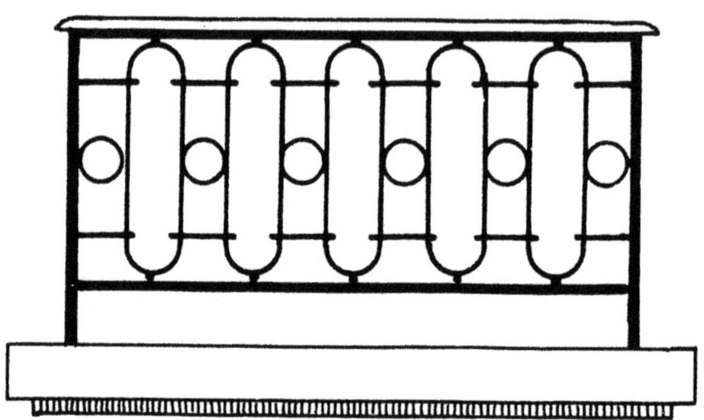

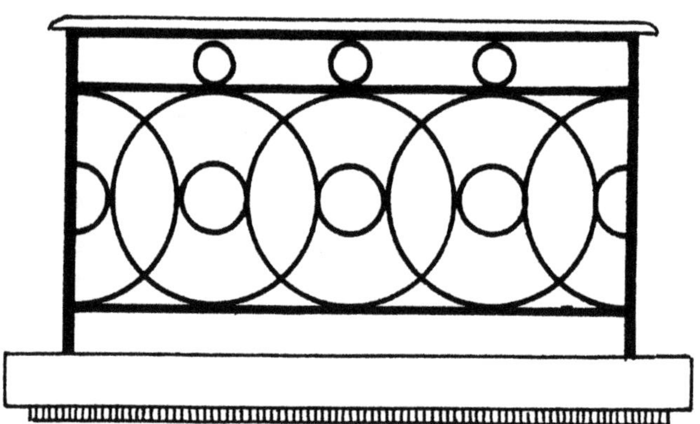

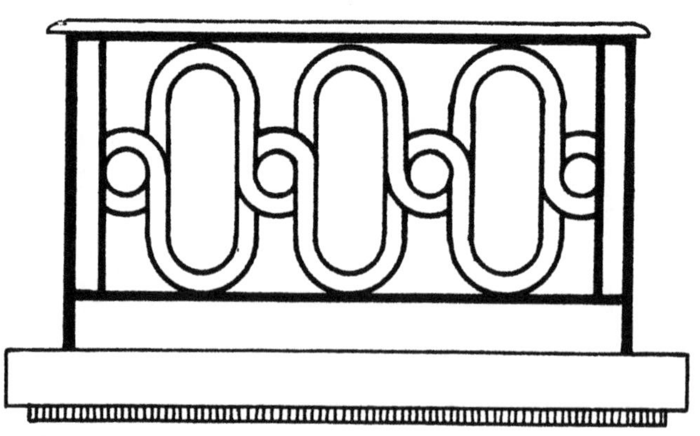

Échelle : 0.05 p.m.

G. SURNOM. Dess.

BALCONS

STYLE MODERNE

Échelle : 0.05 p.m. G. SURNOM. Dess.

BALCONS

STYLE MODERNE

Échelle : 0.05 p.m.

G. SURNOM. Dess.

BALCONS DE BAIES

STYLE MODERNE

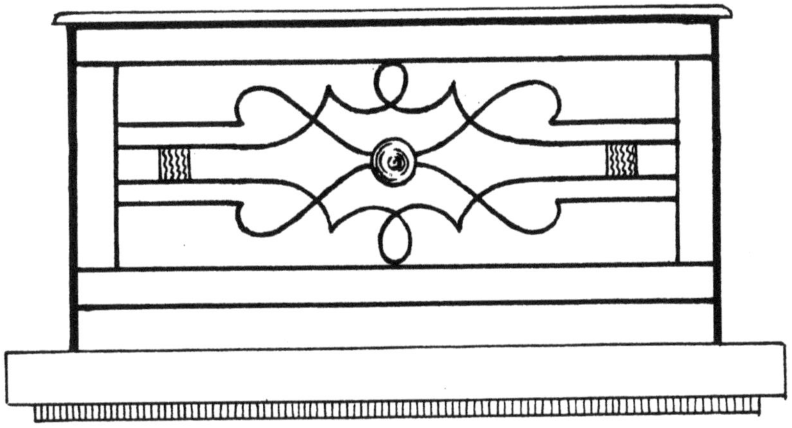

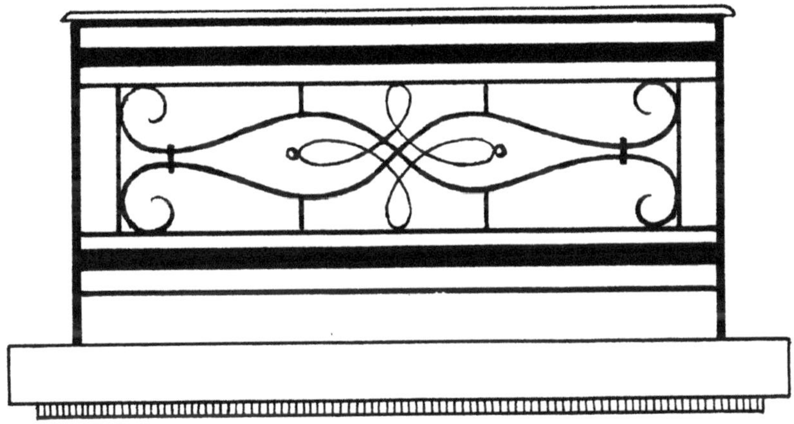

Échelle : 0.05 p.m.

G. SURNOM. Dess.

RAMPES

RAMPES

STYLE RENAISSANCE

G. SURNOM. Dess.

Échelle : 0.05 p.m.

RAMPES

STYLE RENAISSANCE

Échelle : 0.05 p.m.

RAMPES

STYLE LOUIS XIV

G. SURNOM. Dess.

Échelle : 0.05 p.m.

RAMPES

STYLE LOUIS XIV

G. SURNOM. Dess.

Échelle : 0.05 p.m.

RAMPES

STYLE LOUIS XV

G. SURNOM. Dess.

Échelle : 0.05 p.m.

RAMPES

STYLE LOUIS XV

Échelle : 0.05 p.m.

RAMPES

STYLE LOUIS XVI

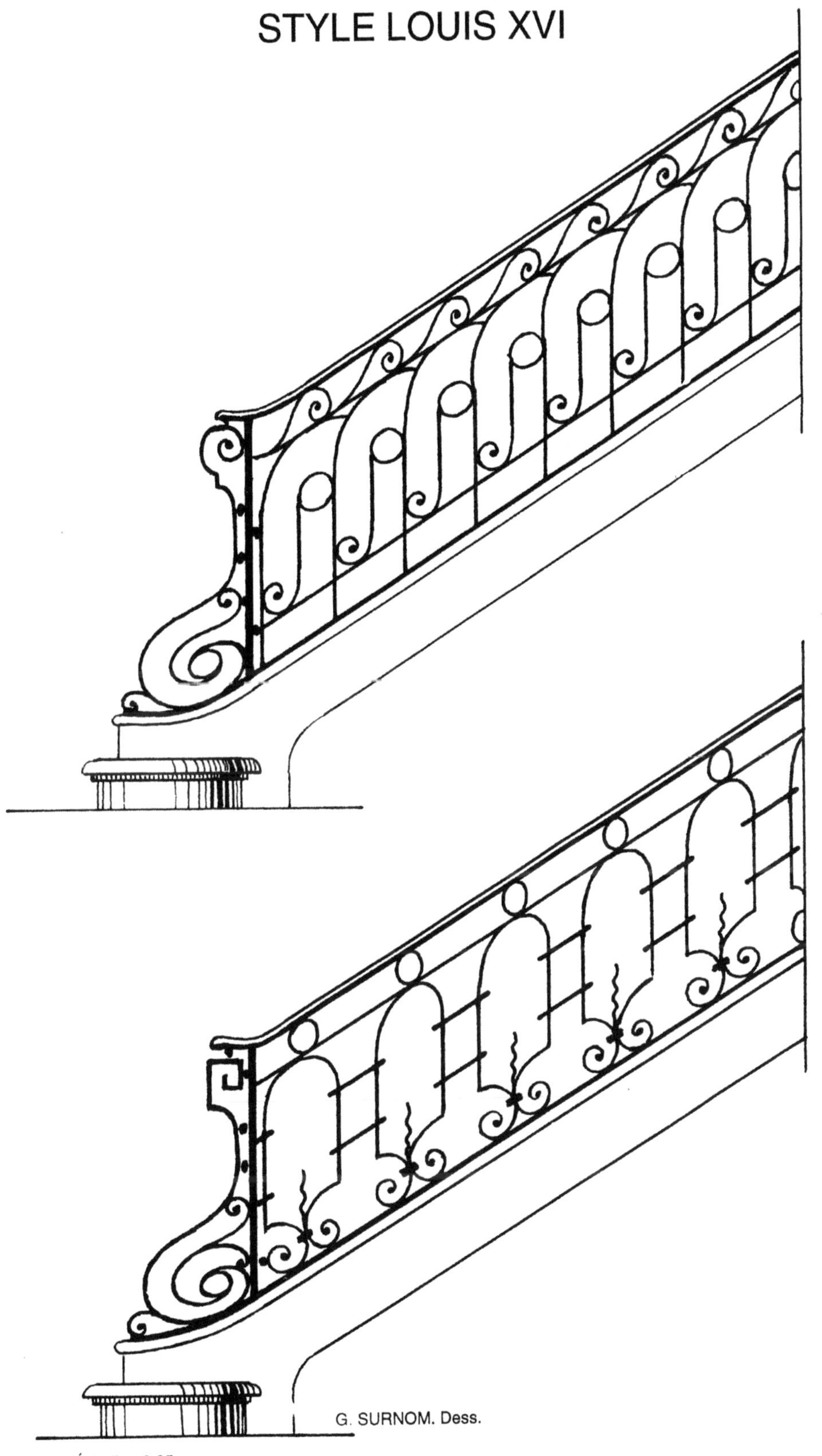

Échelle : 0.05 p.m.

RAMPES

STYLE LOUIS XVI

G. SURNOM. Dess.

Échelle : 0.05 p.m.

RAMPES

STYLE MODERNE

G. SURNOM. Dess.

Échelle : 0.05 p.m.

RAMPES

STYLE MODERNE

Échelle : 0.05 p.m.

RAMPES

STYLE MODERNE

Échelle : 0.05 p.m.

G. SURNOM. Dess.

www.ingramcontent.com/pod-product-compliance
Ingram Content Group UK Ltd.
Pitfield, Milton Keynes, MK11 3LW, UK
UKHW051116220726
13924UKWH00007B/2256

9 782212 111514